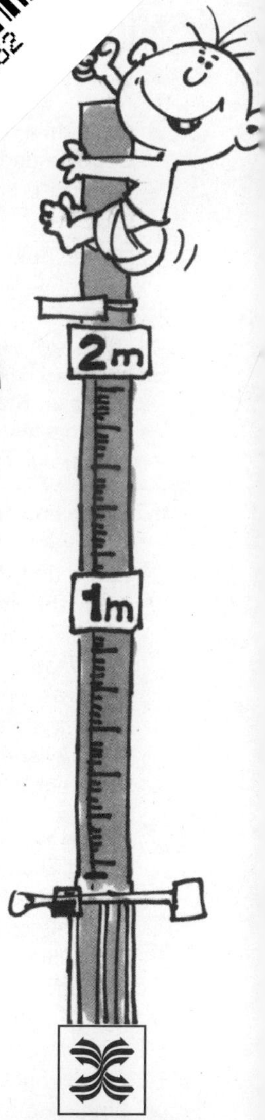

Bärenstarke Kinderkost

VERBRAUCHER
ZENTRALE

Inhalt

Vorwort

Eltern haben es heutzutage schon schwer, sich und ihre Kinder richtig und gut, also gesund und lecker, zu ernähren. Problematisch ist bei uns weniger der Mangel, sondern vielmehr, sich in dem unüberschaubaren Angebot von Lebensmitteln und Zubereitungen in Supermarkt-Regalen, Tiefkühltruhen, Salat-Bars, Imbissbuden und Snack-Ecken zurechtzufinden. Werbespots im Fernsehen, Anzeigen auf Plakatwänden, in Zeitschriften und per Beilage konkurrieren ums Auffallen. Spezielle Lebensmittel für Kinder mit Monstern, Dinos, Zwergen und Mickey Mouse als „Kaufgehilfen" auf Verpackungen reizen zum Zugreifen. Gegen all diese Verführungsversuche haben Eltern schon oft genug einen schweren Stand. Hinzu kommen noch Zeitnot, hektische Alltagsabläufe und der Leistungsdruck in Schule und Beruf. Da bleibt immer weniger Raum für eigenes Zubereiten und gemeinsames Genießen. Andererseits wollen Eltern stets das Beste für ihre Kinder und haben ein ureigenes Interesse an deren gesundheitlichem Wohlergehen.

- Mit **„Bärenstarke Kinderkost"** wollen wir gerade dieses Interesse weiter schüren, Orientierungshilfen geben und gleichzeitig helfen, Unsicherheiten abzubauen und sich von anderen nichts vormachen zu lassen. Und wir wollen Sie motivieren, sich durch praktisches Ausprobieren selbst davon zu überzeugen, dass Gesundes schmeckt und bei der Familie ankommt.

- Denn bei allen verschiedenartigsten Einflüssen von außen bleibt bestehen, dass die Eltern als erste Vorbilder ihrer Kinder den Maßstab für die Geschmacksausrichtung und für die Essgewohnheiten setzen. Es liegt in Ihrer Verantwortung und in Ihrer Hand, den Geschmack Ihrer Kinder auf eine gesunde und leckere Ernährung zu lenken bzw. zu festigen.

- Für die Säuglingsernährung bieten wir Ihnen den Ratgeber **„Gesunde Ernährung von Anfang"** an; er konzentriert sich auf die Ernährung von Säuglingen bis 12 Monaten. **„Bärenstarke Kinderkost"** knüpft daran an und umfasst die Ernährung für Kinder vom 2. bis zum 14. Lebensjahr.

- Grundlage unserer Empfehlungen und Rezepte ist die Vollwert-Ernährung. Vollwertiges Essen und Trinken bedeutet – auf einen einfachen Nenner gebracht und egal, ob für Kinder oder Erwachsene – viel Gemüse, Obst, Getreide, Milch und Milcherzeugnisse, und durchaus auch Fisch, Fleisch und Eier.

- Je nachdem, woran Sie grundsätzlich oder aktuell interessiert sind, möchten wir auf die unterschiedlichen Einstiegsmöglichkeiten hinweisen:

Der erste Teil unseres Ratgebers liefert durch Basis und Hintergrundinformationen das Grundgerüst für eine gesundheitsorientierte Einstellung zur Kinderernährung, gespickt mit vielen Frage-und-Antwort-Elementen aus unserer Beratungspraxis.

Liebe geht durch den Magen – das reicht uns nicht. Wir meinen, wenn Herz und Verstand mit im Spiel sind, dann wird's eine richtig runde und gesunde Sache. In diesem Sinne: Viel Spaß und guten Appetit!

Die Orientierungstabelle (**Seite 32/33**) erleichtert Auswahl und gezielten Einkauf.

Im zweiten Teil finden Sie viele köstliche und – auch zusammen mit Kindern – erprobte Rezepte. Da wir davon ausgehen, dass Ihnen der Umgang mit Fleischgerichten geläufig ist, haben wir ganz bewusst auf Fleischrezepte verzichtet und dafür besonderen Wert auf Rezepte für Hauptgerichte mit Gemüse, Getreide und Fisch gelegt. Natürlich finden Sie auch „süße" Rezepte und Vorschläge für ein Kinderfest. Der kleine **KIKO-Bär** bei etlichen Rezepten zeigt an, dass hier Kinder gut „mitmischen" können.

Wie sieht es bei Ihnen aus? Fragen zum Einstieg ins Thema

Lebensmittelauswahl

Vorbemerkung: Unsere Fragen zur Lebensmittelauswahl und den Essgewohnheiten Ihres Kindes und in Ihrer Familie sollen Anregung sein, mal kurz innezuhalten und sich Ihrer alltäglichen und vielleicht „automatischen" Abläufe bewusst zu werden und sie zu überdenken.

1. Welches Brot isst Ihr Kind überwiegend?
a) Vollkornbrot
b) Mehrkornbrot/Mischbrot
c) Weißbrot

2. Wie häufig isst Ihr Kind Gemüse?
a) täglich
b) jeden 2. Tag
c) selten

3. Wie oft trinkt Ihr Kind Milch und isst es Milchprodukte?
a) täglich
b) jeden 2. Tag
c) selten

4. Welche Getränke trinkt Ihr Kind überwiegend?
a) Tee und Mineralwasser
b) Säfte und Nektare
c) Limo und Cola

5. Wie häufig isst Ihr Kind Fleisch?
a) maximal 1 - 2 mal pro Woche
b) 3 - 4 mal pro Woche
c) täglich

6. Wie oft nascht Ihr Kind Süßigkeiten?
a) 3 - 4 mal pro Woche wenig
b) täglich wenig
c) täglich viel

7. Wie oft isst Ihr Kind Fast-Food-Gerichte? (z. B. Pommes, Hamburger etc.)
a) selten
b) einmal in der Woche
c) mehrmals in der Woche

Auswertung siehe Seite 8

Die Essgewohnheiten Ihrer Familie und Ihrer Kinder

Vorbemerkung:
Da wir glauben, dass Sie selbst am besten wissen, ob das, was und wie es bei Ihnen läuft, richtig ist oder verbesserungswürdig wäre, haben wir hier auf eine Auswertung verzichtet. Denn um Gewohnheiten zu ändern, braucht es eigene Antriebe.

1. Hat Ihr Kind morgens genügend Zeit, um in aller Ruhe zu frühstücken?

....

2. Wie oft sitzen alle Familien-Mitglieder gemeinsam in entspannter Atmosphäre bei Tisch?

....

3. Wieviel Zeit nehmen Sie sich bei einer gemeinsamen Mahlzeit?

....

4. Wie viele Mahlzeiten hat Ihr Kind über den Tag verteilt?

....

5. Wieviel von seinem Taschengeld gibt Ihr Kind für Süßigkeiten aus?

....

6. Wann isst Ihr Kind besonders viel? Wenn es sich langweilt, Streß in der Schule, in der Familie oder Frust mit Freunden hatte?

....

7. Neigt Ihr Kind mehr zu Über- oder mehr zu Untergewicht?

....

8. Wieviel wiegt Ihr Kind (mehr oder weniger) im Vergleich zu seinen (gleichaltrigen) Freunden und Freundinnen?

....

9. Was isst und trinkt Ihr Kind am liebsten und was gar nicht? Listen Sie jeweils vier Speisen und Getränke auf.

Mein Kind liebt	**Mein Kind mag nicht**
....	....
....	....
....	....
....	....

.......Auswertung

mindestens 5 x a: Supergut – Sie und Ihre Familie müssen „Naturtalente“ sein. Wir hoffen, dass wir Ihnen trotzdem mindestens mit unseren Rezepten noch einige Anregungen geben können.

mindestens 3 x a: Ein gutes Fundament. Sie haben schon einiges umgesetzt in Sachen gesunder Ernährung. Bei dieser „Untermauerung“ dürfte es Ihnen nicht schwer fallen, weiter darauf aufzubauen.

kein mal a: Bevor Sie verzweifeln, schauen Sie sich zuerst an, wieviel b- bzw. c-Antworten Sie haben: Essen Sie bzw. Ihr Kind mehr nach der „b-Kategorie“ als nach c, dann ist das Ergebnis befriedigend bis ausreichend. Überwiegt c, dann sollten Sie schon mal überlegen, welche Umstände Sie davon abhalten, sich um eine gesündere Ernährung Ihrer Familie zu kümmern. Aber ein inneres „Bedürfnis“ und Interesse müssen bei Ihnen schon vorhanden sein, sonst hätten Sie diesen Ratgeber nicht gerade vor sich. Wir denken, daß wir Ihnen einiges zu bieten haben: erprobte Rezepte (**Seite 73 ff.**), eine Orientierungshilfe für eine günstigere Lebensmittelauswahl (**Seite 32/33**), Antworten auf Fragen, die Sie schon immer mal stellen wollten, Informationen, die Sie in Ihrem Bemühen unterstützen, Gesundes und Leckeres auf den Tisch zu bringen. Wir sind uns da sicher: Wenn Sie und Ihre Familie auf den vollwertigen Geschmack gekommen sind, geht’s ganz von alleine weiter.

Die Essgewohnheiten unserer Kinder

Der Einfluss von Familie, Spielgruppe, Kindergarten, Schule und Werbung

Die Essgewohnheiten gehören zu den beständigsten Verhaltensmustern des Menschen. Sie entwickeln sich vorwiegend in der Familie, werden aber auch durch Spielgruppe, Kindergarten, Schule und Werbung beeinflusst. Ein Kind orientiert sich an seinen Bezugspersonen und Vorbildern, den Eltern, Großeltern, Erzieherinnen und Lehrkräften und ahmt sie nach. So auch beim Essen und Trinken.

Die Einstellung der **Eltern** gegenüber bestimmten Lebensmitteln, die Art der Zubereitung, die Essgewohnheiten, sprich: das „familiäre Ernährungsmuster" überträgt sich auf die Kinder. Für die Ausbildung des Essverhaltens ist deshalb von Bedeutung, womit die Kinder aufwachsen, ob mit Pausenbrot von zu Hause oder dem Snack vom Kiosk oder mit Mahlzeiten aus Mutters oder Vaters Kochtopf oder aus der Frittenbude. Kinder, die von klein auf Müsli, Vollkornbrot, Rohkost, ungesüßten Tee, Mineralwasser und Säfte angeboten bekommen, betrachten diese Lebensmittel als normal und akzeptieren sie.

In der Spielgruppe oder im Kindergarten kommen neue Einflüsse hinzu. Diese umfassen das Kennenlernen von Neuem und Unbekanntem, Bestätigung oder Einschätzung des eigenen Essverhaltens von dritter Seite, bis hin zur Verführung zu bisher „Verbotenem". Problematisch kann es z. B. werden, wenn die Kinder täglich mit Milchschnitte, süßen Trinkpäckchen, Nuss-Nougat-Creme und anderen süßen Sachen konfrontiert werden und die eigenen Bemühungen der Eltern um eine gesundheitsfördernde Ernährung erschweren.

Durch die **Schule** werden die Kinder erneut beeinflusst: durch das, was andere Kinder mit zur Schule bringen und deshalb besonders reizvoll und appetitanregend erscheint. Weitere „Versuchungen" bietet der Schulweg: ein Bäcker, ein Kiosk oder der Schulkiosk selbst. Einige Schulen bieten den Schülerinnen und Schülern neben Milch und Kakao auch die Möglichkeit, ein Pausenfrühstück zu kaufen. Bevorzugt angeboten werden allerdings immer noch helle Brötchen mit süßem Aufstrich, Süßigkeiten, süße Riegel, Limonade, Cola und Fruchtsaftgetränke statt Vollkornbrötchen, frischem Obst, Rohkost und Milchprodukten. Wen wundert es da, wenn manches mitgebrachte Pausenbrot in der Schultasche bleibt oder gar in den nächsten Mülleimer wandert.

Neben all diesen Einflüssen wirken die **Werbung** und die Strategien der Industrie in nicht zu übersehender Weise: Vor allem beim Fernsehen und Radiohören, aber auch durch Plakatierung draußen, durch Platzierung in den Geschäften, durch Anzeigen in Zeitungen und Zeitschriften – täglich und überall sind Kinder und Eltern den Versuchungen der Werbung ausgesetzt, die das Ziel verfolgen, die Kinder zunächst aufmerksam zu machen und in weiteren Schritten zum Kauf von Produkten anzuregen, sich Kinder als Kundenkreis heranzubilden und zu halten. Besonders häufig wird für Süßigkeiten, süße Getränke, Knabberartikel und Eis geworben.

An dieser Stelle einige Anregungen, wie gemeinsam mit Erzieherinnen, Erziehern und Eltern die Essgewohnheiten im Kindergarten oder in der Spielgruppe verbessert werden können:

- **Es wird gemeinsam mit den Eltern eine Positiv-Liste erstellt, auf der die Lebensmittel und Getränke zu finden sind, die in die Spielgruppe oder den Kindergarten mitgebracht werden können, z. B. Obst, Gemüsestückchen, Brötchen, Brot.**
- **Gemeinsames gesundes Frühstücksbuffet mit Unterstützung einiger Eltern.**
- **Gemeinsames Kochen mit Eltern und Kindern! Das macht Spaß, und in der Gemeinschaft schmeckt es auch.**
- **Organisieren einer Beratung oder eines Informationsabends für Eltern – evtl. mit Kostproben.**

Was essen Kinder?

Obwohl bereits unsere Kinder über ein recht gutes Ernährungswissen verfügen, verhalten sie sich nicht danach. So gelten Obst, Gemüse und Milchprodukte bei Kindern als „gesund“. Gerne und am liebsten so oft wie möglich essen sie jedoch Pizza, Eis, Pommes, Hamburger, Schokolade, Süßigkeiten und trinken gerne Limonade und andere Erfrischungsgetränke. Durchschnittlich verfügen Kinder und Jugendliche monatlich über 73 €. Diese Summe setzt sich zusammen aus Taschengeld, Geldgeschenken sowie aus verschiedenen Jobs. Vor allem bei den 6-bis-12-Jährigen wird das verfügbare Geld für Süßkram ausgegeben. Besonders beliebt sind Schokolade, Schokoriegel, Speiseeis, Knabberartikel, süßes Gebäck, Bonbons, Kaugummi.

Je mehr vor allem zwischendurch geschleckt wird, um so mehr fehlt bei den eigentlichen Mahlzeiten der Appetit – mit der Konsequenz, dass Gemüse, Kartoffeln, Obst und Brot zu wenig gegessen werden.

Kinder und Jugendliche essen in der Regel mehr Fleisch und Wurst als empfohlen und bevorzugen dabei die fettreichen Sorten. Diese tragen damit wesentlich an der zu hohen Fettzufuhr bei. Auch Süßwaren enthalten häufig viel verstecktes Fett. Über diese Produkte, wobei Kuchen und Eis ganz oben auf der Hitliste stehen, nehmen Kinder und Jugendliche zusätzlich große Mengen von vor allem gesättigten Fetten zu sich. Im Gegensatz dazu essen sie zu wenig Obst, Gemüse und Vollkornprodukte.

Ungünstige Essgewohnheiten, die in der Kindheit geprägt werden, sind nur sehr schwer im Erwachsenenalter wieder los zu werden und können Krankheiten wie z. B. Herz-Kreislauf-Erkrankungen, Osteoporose, Übergewicht, Diabetes mellitus (Zuckerkrankheit), Gicht, Karies und bestimmte Krebserkrankungen fördern. schützen. Mit einer ausgewogenen Ernährung kann diesen Zivilisationskrankheiten früh vorgebeugt werden.

Zusammengefasst kommt bei dem, was Kinder essen, heraus:

- zu viel **Fleisch und Wurst**
- zu viel **Süßigkeiten**
- zu wenig **Milch und Milchprodukte**
- zu wenig **Obst, Gemüse und Vollkornprodukte**
- zu wenig **Getränke**

Was fehlt Kindern?

Einerseits wird eine Fehlernährung durch eine Art „Überernährung" – wie zuvor skizziert – charakterisiert, gleichzeitig droht Kindern eine „Unter"ernährung, weil wichtige Nährstoffe fehlen. Man kann durchaus von einer Überernährung mit Mangelerscheinungen sprechen. Laut Ernährungsbericht der Deutschen Gesellschaft für Ernährung erhalten Kinder häufig

- zu wenig **Kohlenhydrate**, vor allem in Form von Stärke und Ballaststoffen. Ballaststoffe schützen vor Verstopfung und sind wie andere wichtige Kohlenhydrate auch in Vollkorngetreide zu finden.
- zu wenig **Calcium**, das wichtiger Baustoff für Knochen und Zähne ist und hauptsächlich in Milch und Milchprodukten enthalten ist.
- zu wenig **Folsäure**, die vor allem für die Zellneubildung und Zellteilung wichtig ist. Reich an Folsäure sind insbesondere grüne Gemüse, z. B. Spinat, Salat, Gurken, aber auch Spargel, Tomaten und Vollkorngetreide.
- zu wenig **Jod**. Dieser wichtige Bestandteil der Schilddrüsenhormone ist in unseren Lebensmitteln nur in Seefisch in nennenswerten Mengen enthalten. Es empfiehlt sich, Jodsalz im Haushalt zu verwenden.
- zu wenig **Eisen**, welches wichtig für den Transport von Sauerstoff im Körper ist. Da die empfohlenen Mengen für Fleisch schon überschritten werden, bietet sich als zusätzliche Eisenquelle Vollkorngetreide an. Um die Verfügbarkeit des pflanzlichen Eisens zu erhöhen, ist eine Kombination mit Vitamin-C-reichem Gemüse oder Obst günstig, z. B. zum Brot ein Stück Obst oder Gemüse.

Und schließlich haben Untersuchungen gezeigt, dass Kinder im Kleinkind- und Schulalter zu wenig trinken. Dabei scheinen eher die Gewohnheiten als das natürliche Durstgefühl ausschlaggebend zu sein. Bieten Sie Ihrem Kind zu den Mahlzeiten und auch Zwischendurch immer wieder Getränke an.

Was und wieviel brauchen Kinder?

Gesund und fit bleibt man am sichersten mit einer vollwertigen Ernährung. Vollwertig heißt: Alle Nährstoffe (Eiweiß, Fett, Kohlenhydrate, Vitamine und Mineralstoffe) werden in optimaler Menge mit den Lebensmitteln zugeführt – sinnvoll kombiniert und schonend zubereitet.

Die körperliche und geistige Entwicklung, die Konzentrations- und Leistungsfähigkeit und die Widerstandskraft gegen Krankheiten werden entscheidend beeinflusst durch das, was wir essen und trinken. Das gilt für Kinder und Erwachsene gleichermaßen. Besonderheiten im Kindesalter sind die durch das Wachstum und den Bewegungsdrang intensiven und schnellen Stoffwechselvorgänge.

Die Deutsche Gesellschaft für Ernährung hat für alle Altersgruppen Zufuhrempfehlungen für die einzelnen Nährstoffe herausgegeben, diese sind als Richt- bzw. Orientierungswerte zu verstehen.

Normales Wachsen heißt: Es geht mal in die Breite, mal in die Länge

Das normale Wachstum im **1. Lebensjahr** ist vor allem ein „Größenwachstum“ und erstreckt sich gleichzeitig in die Länge und in die Breite.

Mit Beendigung des 1. Lebensjahres haben alle Organe, die mit der Nahrungsaufnahme und Verdauung zu tun haben, eine gewisse Stabilisierung erfahren. Das Kind nimmt jetzt wesentlich langsamer an Gewicht zu als in seinen ersten Lebensmonaten. Sobald es laufen lernt, schwindet das Fettpolster zugunsten der Muskelbildung.

Im Kleinkindalter geht es wieder mehr „in die Fülle“ als in die Höhe. Dann wirkt manches Kind richtig pummelig.

Zwischen dem 5. und 7. Lebensjahr steht das Längenwachstum im Vordergrund. Das Kind sieht schlanker aus, bevor es vom **8. bis 10. Lebensjahr** wieder eher an Gewicht zulegt. Die nächste Längenwachstumsphase erstreckt sich in der Regel vom **11. bis 15. Lebensjahr.** In dieser Zeit sind die Kinder häufig mager, „hochaufgeschossen“, und haben eine schwache Muskulatur.

Diese natürlichen Wachstums„wellen“ sollten Eltern berücksichtigen, bevor sie sich möglicherweise unnötige Sorgen machen oder gar „korrigierende” Maßnahmen ergriffen werden.

Fast Food – heiß geliebt und oft gewünscht. Kann Fast Food denn gesund sein?

Es kommt darauf an, um welche Gerichte es sich handelt. Fast Food bedeutet „Schnelles Essen“ und reicht vom Hamburger mit Pommes, über Döner und Pizza bis hin zum Schlemmerimbiss im Bioladen oder dem Brötchen vom Bäcker. Kinder und Jugendliche lieben vor allem die Atmosphäre, das Essen mit den Fingern ohne strafenden Blick und das gesellige Miteinander unter Gleichaltrigen. Viele klassische Fast Food Gerichte sind bekanntermaßen „Fettbringer“ und Versager in bezug auf Vitamine und Mineralstoffe. Dennoch nutzen Verbote eher wenig, sondern steigern noch die Attraktivität. Vielleicht können Sie ja gemeinsam mit Ihrem Kind geliebte Gerichte zu Hause einmal nachkochen, z. B. die Fischburger, Getreidebratlinge, Pommes aus dem Backofen oder die Pizza aus unserer Rezeptsammlung. Kinder lieben es, mit in die Speisenplanung einbezogen zu werden und beim Zubereiten zu helfen.

„Schlaraffenland“– oder „Horror“-Vision?

Was würde Ihr Kind von folgenden Mahlzeiten halten?

Zum Frühstück:	Helle Brötchen, Weißbrot oder Toastbrot mit Butter, Nuss-Nougat-Creme, Marmelade, Wurst, Flakes, Pops oder Snacks mit Milch und Zucker
In der Pause:	Milchsnacks, süße Riegel, Mürbchen mit und ohne Rosinen, gesüßte Milchmischgetränke, Fruchtsaftgetränke, Fruchtjogurts und Fruchtquark
Mittagessen:	helle Nudeln, Ravioli mit Soßen, Hamburger mit Pommes und Cola, Pizza, Pudding mit Sahne
Zwischenmahlzeit:	Kuchen, Kekse, Süßigkeiten, gesüßte Getränke, Salzgebäck, Fast Food-Imbiß, gesüßte Milchmischgetränke und Fruchtjogurts
Abendessen:	Weißbrot mit Leberwurst, süßen Aufstrichen, süße Getränke, Fertigsalat mit Mayonnaisedressing
Als Betthupferl:	Schokolade, Süßigkeiten, Chips

Sicherlich erscheint diese Zusammenstellung übertrieben, aber ist sie wirklich so utopisch?

Der Energiebedarf

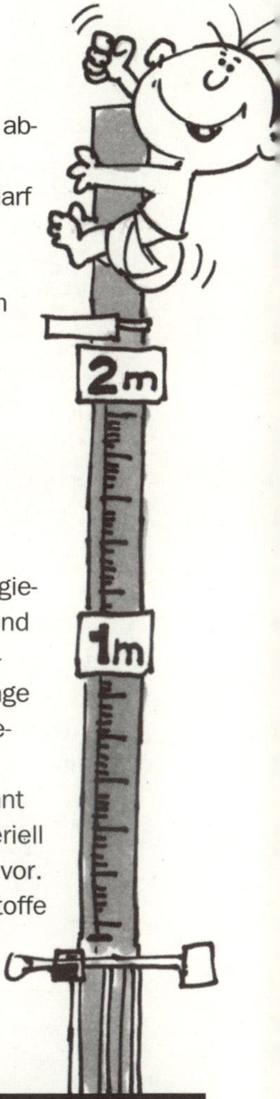

Kinder benötigen zusätzliche Energie für ihr Wachstum – und zwar abhängig von Alter, Körpergröße und Körpergewicht. Bezogen auf ein Kilogramm Körpergewicht haben Kinder einen höheren Energiebedarf als Erwachsene.

Die Kalorienangaben in der kleinen Übersicht unten auf dieser Seite sind Mittelwerte und gelten für Kinder mit durchschnittlichem Gewicht und durchschnittlicher Größe.

Worauf kommt es an?

Eiweiß, Fett, Kohlenhydrate sind die Hauptnährstoffe und die Energielieferanten. Vitamine und Mineralstoffe liefern keine Energie, es sind Wirkstoffe, die im Stoffwechsel lebensnotwendige und recht unterschiedliche Aufgaben erfüllen. Nur wenn sie in ausgewogener Menge aufgenommen werden, ist eine gesunde Entwicklung der Kinder gewährleistet.

Gesundheitsfördernd sind auch die in den letzten Jahren bekannt gewordenen Sekundären Pflanzenstoffe. Sie wirken z. B. antibakteriell und krebsvorbeugend. Kommen nur in pflanzlichen Lebensmitteln vor.

Das Wissen um die Aufgaben und Vorkommen einzelner Nährstoffe erleichtert die Zusammenstellung von gesunden Mahlzeiten. Im Anhang finden Sie Informationen zu den wichtigsten Nährstoffen (**Seite 150/151**).

Richtwerte für den Energiebedarf: (in kcal/Tag)

Alter	Mädchen speziell	Jungen speziell
1 bis 4 Jahre	1.000	1.100
4 bis 7 Jahre	1.400	1.500
7 bis 10 Jahre	1.700	1.900
10 bis 13 Jahre	2.000	2.300
13 bis 15 Jahre	2.200	2.700

Quelle: Referenzwerte für die Nährstoffzufuhr, DACH, 1. Auflage 2000

Die drei Grundregeln für eine gesunde Ernährung lauten – für Kinder, Jugendliche und Erwachsene gleichermaßen:

1. Reichlich pflanzliche Lebensmittel (Obst, Gemüse, Getreide) und Getränke
2. Mäßig tierische Lebensmittel (Milch/-produkte, Fleisch, Fisch, Eier)
3. Sparsam fettreiche Lebensmittel (Butter, Margarine, Öle, fettreiche Fleisch- und Wurstwaren) und Süßwaren

Was darf mein Kind wiegen?

Ob ein Kind unter-, über- oder normalgewichtig ist, wird zunehmend mit dem sog. BMI (Body-Mass-Index) bestimmt. Er berücksichtigt nicht nur die Körperlänge, Alter und Geschlecht, sondern ebenso die Hautfaltendicke und Körperfettmasse. Mithilfe einer speziellen Formel kann er errechnet werden. Wenn Sie genau wissen wollen, wie der Gewichtsstatus Ihres Kindes zu beurteilen ist, fragen Sie Ihre/n Kinderärztin bzw. -arzt.

Eine erste Einschätzung kann anhand der abgebildeten Gewichtskurve erfolgen. Sie zeichnen die Körpergröße Ihres Kindes mit einer senkrechten Linie, das Gewicht mit einer waagerechten Linie ein. Liegt der Kreuzungspunkt im markierten Bereich, dann ist das Gewicht im Toleranzbereich; liegt er darüber, dann besteht eine Tendenz zu Übergewicht, liegt er darunter, dann wiegt das Kind zu wenig.

Gewichtskurve

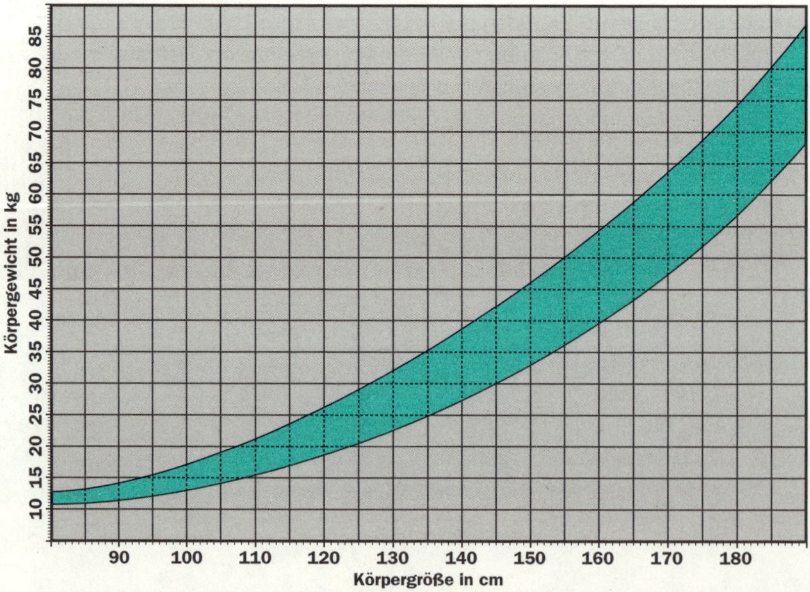

Mein Kind ist zu dünn – was soll ich tun?

Zunächst sollten Sie feststellen, ob Ihr Kind wirklich zu dünn ist. Das können Sie mit Hilfe unserer Grafik. Liegt das Gewicht noch im Toleranzbereich, besteht kein Grund zur Besorgnis. Ist Ihr Kind tatsächlich zu dünn, sollten Sie sich einige Gedanken zu den Ursachen machen und gegebenenfalls die Kinderärztin oder den Kinderarzt aufsuchen. Einige Beispiele für mögliche Ursachen:

- Ihr Kind macht gerade einen Wachstumsschub,
- es hat nicht genug Zeit zum Essen,
- es hat keinen Appetit,
- es treibt viel Sport,
- es ist oft zu müde zum Essen,
- es hat womöglich Ärger, z. B. in der Schule,
- ältere Mädchen und auch Jungen machen häufig schon eine „Schönheitsdiät“.

Sollte Ihr Kind kein „großer Esser“ sein, können Sie durch Zusatz von Nüssen, Trockenobst, Sahne, Butter die Speisen etwas energiehaltiger gestalten. Achten Sie auch darauf, dass fünf bis sechs kleine Mahlzeiten gegessen werden, und geben Sie zu den Zwischenmahlzeiten Obst, Obst mit Milchprodukten oder Müsli. Ein verstärkter Trend zu geringerem Körpergewicht ist vor allem bei Mädchen festzustellen. Die extreme Pubertätsmagersucht bricht häufig mit 14 bis 15 Jahren bis zum 25. Lebensjahr aus und ist die Folge von zwanghaftem Hungern. Mit Ernährung allein ist die Magersucht nicht aufzufangen, Sie sollten sich hier ärztlichen/psychologischen Rat einholen.

Mein Kind ist zu dick – was kann ich tun?

Bevor Sie etwas unternehmen, versuchen Sie erst, die Ursache(n) für das Übergewicht Ihres Kindes herauszufinden. Sehr häufig spielen ungünstige Essgewohnheiten, wie Naschen, schnelles und unregelmäßiges Essen, mangelnde Bewegung, aber auch Stress, Langeweile oder Frustration als psychische Faktoren eine Rolle. Ansprechpartnerinnen und Ansprechpartner für dieses Problem sind Kinderärzte, Ernährungsberaterinnen und auch Psychologen.
Ist eine leichte Tendenz zum Übergewicht zu erkennen, können folgende Hinweise helfen:

- Verkleinern Sie die Portionen.
- Berücksichtigen Sie bei der Zusammenstellung der Mahlzeiten die Wünsche Ihres Kindes.
- Schränken Sie das Naschen von Süßigkeiten, Chips usw. ein.
- Beschäftigen Sie sich mit Ihrem Kind, wenn es Aufmerksamkeit braucht.
- Wenn Ihr Kind Langeweile hat, überlegen Sie gemeinsam, was Abhilfe schafft.
- Gehen Sie beim Zubereiten und Kochen mit Fett und Zucker sparsam um.
- Bevorzugen Sie fettarme Sorten bei Käse, Wurst, Fleisch und Fisch.
- Ersetzen Sie häufiger Wurst oder Käse auf dem Brot z. B. durch Gurken- oder Tomatenscheiben.

Auswahl der Lebensmittel

Manchmal ist es schon schwierig, aus dem unüberschaubar großen Lebensmittel- und Produktangebot das zu erkennen und herauszufinden, was gesund und lecker, qualitativ gut und den Preis wert ist. In diesem Kapitel möchten wir Ihnen eine Orientierungshilfe geben, welche Lebensmittel, in Gruppen zusammengefasst, grundsätzlich besonders gesund und gut, was an ihnen bemerkenswert bzw. zu beachten ist. Nach dieser grundsätzlichen Darstellung soll Ihnen unsere Orientierungstabelle (**Seite 32/33**) die konkrete Auswahl der Lebensmittel erleichtern helfen. Die Orientierungsstufen geben gleichzeitig Auskunft über den Verarbeitungsgrad der Lebensmittel (I = wenig bis III = sehr stark verarbeitet). Eine andere Orientierungshilfe bieten wir mit unseren **KIKO-Punkten** an. Diese werden Ihnen im folgenden häufiger begegnen.

KIKO-Punkte in der Kinderkost

Mit unseren **KIKO-Punkten** wollen wir Ihren Blick auf bestimmte Nährstoffe* lenken, die besondere Beachtung verdienen. Auswahlkriterium waren für uns die Nährstoffe, die wir uns häufig zuviel – Fett, Eiweiß, Zucker – oder aber zuwenig – wie Stärke, Ballaststoffe, B-Vitamine, Calcium, Eisen, Kalium, Jod – einverleiben.

So sieht unsere Punktierung aus:

- **E** = **Eiweiß**
- **F** = **Fett**
- **S** = **Stärke**
- **B** = **Ballaststoffe**
- **Z** = **Zucker**
- **V** = **B-Vitamine**
- **Ca** = **Calcium**
- **Fe** = **Eisen**
- **J** = **Jod**
- **K** = **Kalium**

*** Einen schnellen Überblick über die einzelnen Nährstoffe bietet die Übersicht „Nährstoffe: Ihre Aufgaben,..." im Anhang, S. 150/151.**

Die **KIKO-Punkte** verdeutlichen Ihnen, welche Nährstoffe in den unterschiedlichen Lebensmittel-Gruppen zu finden sind. Betrachten Sie dann alle Gruppen gemeinsam, so stellen Sie fest, dass sich die Lebensmittel optimal ergänzen. Das heißt vereinfacht: Wenn Sie darauf achten, dass aus jeder Lebensmittel-Gruppe – die Süßungsmittel außer acht lassen – täglich etwas gegessen wird, ist eine vollwertige Ernährung ohne Aufwand gesichert.

Die Lebensmittelgruppen im Einzelnen

Getreide und Getreideprodukte

E S B V Fe

Die wertvollsten Nährstoffe befinden sich im Keimling und in den Randschichten des Getreidekorns. Deshalb bieten nur Vollkorn-Produkte alle Vorzüge, nicht zuletzt den, dass durch das notwendigerweise gründlichere Kauen die Entwicklung des Kiefers beim Kind gefördert und Verdauungsproblemen vorgebeugt wird.

Für Kinder, die von Anfang an Vollkornprodukte essen, sind diese ganz normal. Entdecken Kinder aber irgendwann mal ungewohnt „Vollkörniges" auf ihrem Teller, müssen sie sich erst an die dunklere Farbe, den anderen Geschmack und an die härtere Konsistenz einzelner Speisen gewöhnen. Ein Kind, das von heute auf morgen Vollkornprodukte isst, kann unter Umständen mit starken Blähungen reagieren, wie übrigens ein Erwachsener auch. Wenn die Produkte nach und nach in kleinen Mengen angeboten und langsam gesteigert werden, können sich die Verdauungsorgane an die „Mehrarbeit" gewöhnen. Die Bekömmlichkeit steigt durch gründliches Kauen und reichliches Trinken. Zucker und Säfte können die Verträglichkeit von Vollkornprodukten stören.

Bei einer Umstellung beginnt man daher am besten mit Dingen, die die Kinder absehbar lieber mögen, z. B. Vollkorn-Pfannkuchen, Naturreis, Müsli oder Vollkornbrötchen mit Mohn, Sonnenblumenkernen, Sesam. Oft können auch eine leckere Sauce oder ein Dip das Gericht „aufwerten". Vollkornkuchen findet begeisterte Anhänger, wenn er mit viel Obst und/oder mit Sahne belegt ist (z. B. Windbeutel, Sommerliche Flockentorte, Obstkuchen, **siehe Rezepte ab Seite 128**).

Die Vollwert-Ernährung ist keine Modeerscheinung, sondern verbindet alte Erfahrungen mit neuen wissenschaftlichen Erkenntnissen. Ernährungsphysiologisch wertvolle Lebensmittel werden schmackhaft und abwechslungsreich zubereitet. Im Vordergrund der Vollwert-Ernährung stehen pflanzliche Lebensmittel – möglichst aus kontrolliert ökologischem Landbau – und Milch und Milchprodukte. Etwa die Hälfte der Lebensmittel sollte als Frischkost gegessen werden. Fleisch, Fisch und Eier spielen eine untergeordnete Rolle. Die Lebensmittel sollen so wenig wie möglich verarbeitet sein. Zusätzlich zu den gesundheitlichen Kriterien schließen die Prinzipien der Vollwert-Ernährung ökologische und sozialverträgliche Aspekte mit ein.

Wann kann ich anfangen, meinem Kind „Vollkörniges“ anzubieten?

Wenn die Backenzähne da sind und das Kind gut kauen kann. Für kleinere Kinder sollten die Körner nicht zu grob sein, denn leicht werden noch Bissen unzerkaut heruntergeschluckt. Müsli aus rohem, eingeweichten Getreide kann ab dem zweiten Lebensjahr in kleinen Mengen gegeben werden.

Gemüse und Obst

Die Grundregel heißt: Obst möglichst nur roh und Gemüse zur Hälfte roh essen. So bleiben die wertvollen Inhaltsstoffe am besten erhalten. Beim Erhitzen geht viel verloren, da z. B. die meisten Vitamine hitzeempfindlich sind. Hitzeempfindlich sind aber auch die viel diskutierten „Sekundären Pflanzeninhaltsstoffe“, z. B. Geschmacks-, Farb- und Geruchsstoffe, mit vielfältigen gesundheitsfördernden Wirkungen.

Kinder essen Obst wegen seiner Süße und Saftigkeit fast immer gern, Gemüse ist dagegen häufiger problematisch. Rohes Gemüse kann in kleinen Mengen ab dem zweiten Lebensjahr angeboten werden. Kinder knabbern gerne Möhren, Paprika, Gurken, Tomaten, Kohlrabi, Eisbergsalat. Wichtig ist, für Abwechslung zu sorgen.

Am besten ist es, sich am heimischen Erntekalender zu orientieren und auf das jahreszeitliche Angebot zuzugreifen (**siehe Saisonkalender ab Seite 152**). Treibhausgemüse enthält meist mehr Nitrat als Freilandgemüse und benötigt bei seiner Erzeugung zusätzliche Energie (**siehe Seite 154**).

Mein Kind mag kein Gemüse, fehlt ihm was?

Lehnt Ihr Kind Gemüse völlig ab, lässt sich für eine gewisse Zeit ein Ausgleich durch ein Mehr an Obst und Kartoffeln erreichen. Auf die Dauer ist Gemüse unverzichtbar. Erfahrungsgemäß mögen Kinder gar kein Gemüse nur selten, sondern einzelne Arten nicht, z. B. „weil es so hart ist“ oder „so komisch schmeckt“. Durch kleine „Verführungen“, wie beliebte Arten oft anzubieten bzw. eine leckere Sauce dazugeben oder den Teller lustig dekorieren, können Sie Ihr Kind zu einem vielseitigeren Gemüseverzehr hinführen. Fein geraspeltes oder püriertes Gemüse lässt sich gut „verstecken“, z. B. in Suppen.

Sollte ich Obst und Gemüse aus ökologischem Landbau kaufen?

Nach Möglichkeit „Ja“. Obst und Gemüse, aber natürlich auch alle anderen Lebensmittel aus dem ökologischen Landbau werden umweltschonend erzeugt. Bei der Produktion wird auf leicht lösliche Stickstoffdünger und chemisch-synthetische Pflanzenschutzmittel verzichtet. Aus diesem Grund sind Rückstände von Pflanzenschutzmitteln in „Öko“-Lebensmitteln normalerweise nicht enthalten. Allgegenwärtige Umweltschadstoffe aus Kraftfahrzeugen oder industrieller Produktion sind jedoch auch auf und in ökologisch erzeugten Lebensmitteln anzutreffen. Wenn Sie die Umwelt schonen und langfristig Ihrer Gesundheit nutzen möchten, kaufen Sie Lebensmittel aus dem ökologischen Landbau (**siehe Seite 156**).

Kann ich mich auf die Begriffe „Bio“ oder „Öko“ bei Lebensmitteln verlassen?

Ja. Öko-Lebensmittel, ob pflanzlicher oder tierischer Erzeugung, werden nach den Vorgaben des ökologischen Landbaus produziert. Erzeugung, Verarbeitung und Kontrolle von Öko-Lebensmitteln sind durch die EU-Öko-Verordnung geregelt. Alle Lebensmittel, die die Worte *Öko* oder *Bio* in ihrem Namen führen, sind nach dieser EU-Verordnung hergestellt. Bei Begriffen wie *alternativ, umweltschonend, unbehandelt, gewachsen ohne Chemie* etc. sollten Sie skeptisch sein. Seit September 2001 gibt es ein einheitliches Bio-Siegel. Das damit verbundene Ziel ist, Verbraucherinnen und Verbrauchern die Marktübersicht und damit die Kaufentscheidung zu erleichtern. Über das Bio-Siegel hinaus gibt es etliche Kennzeichen, an denen Sie verlässliche Bio-Produkte erkennen können (**siehe Seite 156 im Anhang**).

Soll ich nitratreiches Gemüse besser weglassen?
Das brauchen Sie nicht. Sie sollten aber bei nitratreichen Gemüsearten, z. B. Spinat, Kohlrabi, rote Rüben, Radieschen, Kopf- und Feldsalat, einige Hinweise befolgen: Bereiten Sie nitratreiches Gemüse nicht zu häufig zu, achten Sie beim Einkauf auf Freilandgemüse (Treibhausgemüse enthält mehr Nitrat) und wärmen Sie nitratreiches Gemüse nicht wieder auf (**siehe Seite 154**).

Kartoffeln

E S B V K

Beim Garen als Pellkartoffeln bleiben die Inhaltsstoffe weitgehend erhalten. Bratkartoffeln, Pommes frites, Kroketten usw. sollten bei aller Liebe dazu eher die Ausnahme sein, weil sie sehr viel Fett enthalten.

Sind rohe Kartoffeln schädlich?
Nein. Sie belasten allerdings die Verdauung stärker als gekochte Kartoffeln. Rohe Kartoffelstärke ist für den Menschen sehr schlecht ausnutzbar. Beim Kochen verkleistert die Stärke und wird dadurch gut verdaulich. Die Unschädlichkeit gilt nicht für grüne Stellen. Diese müssen in jedem Falle weggeschnitten werden. Sie enthalten das giftige Solanin.

Hülsenfrüchte

E B V Fe K

Hülsenfrüchte sind vielfach verwendbar. So eignen sie sich zum Keimen (Keimlinge vor dem Essen blanchieren), für Eintopfgerichte, für Aufläufe, als Salatzutat und als Bratling-Grundlage. Für Kinder, die sehr leicht Blähungen bekommen, sollten Eintöpfe mit einer kleineren Menge Hülsenfrüchte und dafür mit mehr Gemüse und Kartoffeln zubereitet werden. Linsen werden häufig besser vertragen als andere Hülsenfrüchte.

Milch und Milchprodukte

E F V Ca

Milch und Milchprodukte sind die wichtigsten Calciumquellen. Mit täglich einem Viertel bis einem halben Liter Milch oder Milchprodukten ist schon ein wesentlicher Beitrag für eine optimale Calciumversorgung geleistet. Ein Glas Milch (0,2 l, 3,5 % Fett) enthält etwa 120 kcal. Aus diesem Grund sollte Milch als nahrhaftes Lebensmittel und nicht als Getränk betrachtet werden.

Kinder bis zum 10. Lebensjahr sollten pasteurisierte Milch trinken. Da unerwünschte Keime, z. B. EHEC-Bakterien, in Roh- und Vorzugsmilch nicht auszuschließen sind, wird für Kinder von dem Genuss abgeraten. Wer dennoch Roh- und Vorzugsmilch verwenden möchte, sollte sie vorher abkochen.

Welche Fettgehaltsstufe Sie bei Milch und Milchprodukten wählen, hängt immer mit der gesamten Ernährung zusammen. Trinkt Ihr Kind lieber Vollmilch (3,5 % Fett) können Sie bei den versteckten Fetten in Wurst, Käse, Kuchen und Gebäck einsparen. Zum Beispiel gibt es eine dünnere Scheibe Wurst oder Käse auf einer dicken Scheibe Brot. Wird teilentrahmte Milch getrunken (1,5 % Fett), kann z. B. etwas mehr Käse oder Wurst gegessen werden.

Jogurt, Dickmilch, Buttermilch, Quark usw. sollten bevorzugt ohne Zutaten gekauft und zuhause durch frisches Obst oder Kräuter „aufgepeppt“ werden.

Käse eignet sich ebenfalls zur Deckung des Calciumbedarfs; günstig sind die Sorten mit einem mittleren Fettgehalt (bis 45 % Fett i.Tr.).

Mein Kind mag keine Milch, nur Kakao!

Kakao kann eine Alternative sein, wenn Ihr Kind Milch und Jogurt ablehnt, allerdings sollten Sie auf den Zuckergehalt achten. Ein Teelöffel Instantkakao enthält 4 Gramm Zucker (= ca. 1,5 Zuckerwürfel). Besser wäre selbstgekochter, wenig gesüßter Kakao. Oder vielleicht akzeptiert Ihr Kind auch selbst hergestellte Milchmischgetränke, z. B. mit Bananen.

?

Ist Kinderschokolade ein wertvoller Milchlieferant?
Wir meinen, nein. Kinderschokolade ist ein gutes Beispiel dafür, wie wir uns von der Werbung an der Nase herumführen lassen. Denn wir folgen gerne der gewollten Assoziation: Milch = gut und wertvoll; Milch in Schokolade = gute Schokolade = besonders gut für Kinder. Natürlich sind in einem Nahrungsmittel, das mit Milch hergestellt wird, auch die wichtigsten Bestandteile der Milch enthalten, vor allem das Calcium. Das reicht allein nicht aus, um Kinderschokolade zu einem bemerkenswerten Milchlieferanten zu machen. Sie ist vielmehr eher ein Fettkalorienlieferant. Denn im Vergleich zu einem Viertel Liter Milch pur liefern 100 g Kinderschokolade über die vierfache Menge an Kohlenhydraten (vor allem in Form von zugesetztem Zucker) und mehr als die dreifache Menge an Fett und Kalorien. Betrachten Sie Kinderschokolade als eine Süßigkeit wie andere Schokolade auch. (**siehe auch Seite 55 – Umgang mit Süßigkeiten**)

Getränke

Geeignete Durstlöscher sind Trinkwasser, Mineralwasser, ungesüßte Früchte- und Kräutertees. Obstsäfte sind pur zu gehaltvoll, ideal dagegen ist die Mischung von Wasser und Saft im Verhältnis von mindestens 1 : 1.

Milch, Milchmischgetränke und Kakao sind keine geeigneten Durstlöscher, sondern wegen ihres hohen Energiegehaltes eher eine eigene Zwischenmahlzeit.

Fruchtnektare, Fruchtsaftgetränke, Limonaden und Cola-Getränke enthalten allem voran viel Zucker und andere Zusatzstoffe. Auch „Light"-Getränke sind für Kinder keine Alternative; der Zucker ist zwar raus und damit der Kaloriengehalt reduziert, dafür sind um des süßen Geschmacks willen synthetische Süßstoffe und/oder Zuckeraustauschstoffe zugesetzt (**siehe auch Seite 52 f**).

Die Konsequenz: Die Kinder bleiben auf der süßen Linie und nehmen eine nicht unerhebliche Menge synthetisch hergestellter Süßstoffe auf.

Der Flüssigkeitsbedarf bei Kindern ist recht unterschiedlich. An heißen Sommertagen oder wenn Kinder viel herumtoben und schwitzen, verlieren sie Flüssigkeit, die sie über entsprechend hohe Trinkmengen wieder ausgleichen müssen. Kleinkinder sollten täglich etwa 1 l, Schulkinder zwischen 1 und 1,5 l trinken.

Bei Kindern, die von sich aus wenig trinken, sollten die Eltern immer wieder erinnern bzw. direkt etwas anbieten. Das Trinken beim Essen schadet nicht, wenn es sich um einen geeigneten Durstlöscher handelt.

Dürfen Kinder Cola trinken?

Vorab eine Gegenfrage: Lassen Sie Ihr Kind Kaffee trinken? Nein? Dann haben Sie sich schon selbst die Antwort gegeben, denn Cola-Getränke enthalten auch Koffein und sind deshalb für Kinder ungeeignet. Unabhängig davon bietet Cola wenig Aufmunterndes: Wasser, Zucker (7 Stücke Würfelzucker pro Glas, 0,2 l), Kohlensäure, Farbstoffe, Säuerungsmittel, Aromastoffe – keine Vitamine, keine Mineralstoffe. „Cola light“ oder „Diätcola“ enthalten zwar keinen Zucker, der ist durch Süßstoffe ersetzt, dafür weiterhin Koffein. „Kinder-Cola“ ist zwar koffeinfrei, weist aber den vollen Zuckergehalt auf. Bessere und preiswertere Alternativen sind Trink- und Mineralwasser und verdünnte Obstsäfte. Wenn Ihr Kind regelrecht auf Cola versessen ist, können Sie, mit Ihrem Kind abgestimmt, in einzelnen Situationen Ausnahmen erlauben, z. B. im Restaurant oder beim Geburtstag.

?

Kann ich meinem Kind ohne Sorge Malzbier geben?
Malzbier sollte für Kinder eher die Ausnahme sein. Auch wenn es sich so harmlos anhört wie Malzbonbon, ist es ein Getränk mit einem Alkoholgehalt von 0,04 bis 1,5 Prozent – genauso gut könnten Sie Ihrem Kind auch alkoholfreies Bier zugestehen. Außerdem enthält Malzbier viel Zucker und nur Spuren von Eiweiß, Vitaminen und Mineralstoffen. Damit ist Malzbier nicht nährstoffreich, aber mit 96 Kalorien pro Glas recht energiehaltig. In der Kinderernährung ist besonders auf Alkohol zu achten, weil er bei Kindern wegen ihres geringen Körpergewichts stärker als bei Erwachsenen wirkt. Außerdem besteht die Gefahr, dass der Übergang vom „Kinderbier" zu echtem Bier nahtlos erfolgt. Geeigneter sind Trink- und Mineralwasser oder verdünnte Obstsäfte.

Fette, Öle, Nüsse

F

Fette sind sichtbar, und Fette verstecken sich. Zu den sichtbaren werden Streichfette (Butter und Margarine), Speiseöle, Speisefette (Kokos- und Palmkernfett) sowie Schlachtfette (Schweineschmalz und Rindertalg) gezählt. Versteckte Fette sind in Lebensmitteln natürlicherweise enthalten, z. B. in Nüssen, Ölsamen, Fleisch, Wurst und Käse.

Fette sind in erster Linie Energielieferanten und bringen mit 9,3 kcal/g bei weitem mehr Energie als Kohlenhydrate und Eiweiß mit etwa 4,1 kcal/g. Daraus resultiert die bekannte Devise: Fett sparsam und bewusst einsetzen!

Wegen der schonenden Verarbeitung sind kaltgepresste, nicht raffinierte Öle für die Zubereitung von Salaten am besten und als Streichfette Butter oder ungehärtete Margarine. Bei der Härtung gehen wertvolle, mehrfach ungesättigte Fettsäuren verloren.

Zum Kochen und Backen eignen sich ebenfalls Butter oder Margarine. Zum Kurzbraten eignen sich Pflanzenfette, u. a. Olivenöl. Kaltgepresste Öle sind für diese Zubereitungsart zu schade. Für das Braten bei hohen Temperaturen sind Pflanzenhartfette geeigneter, z. B. Kokosfett. Nüsse und Ölsamen (z. B. Sonnenblumenkerne, Sesam) sind gehalt- und wertvoll zugleich: reich an lebenswichtigen Fettsäuren, B-Vitaminen, Vitamin E sowie Magnesium, Kalium und Eisen.

Fleisch, Fisch, Eier

E F V Fe J

Fleisch und Eier, die derzeit auf unseren Tellern landen, stammen immer noch vielfach aus intensiver Tierhaltung. In artgerechter Tierhaltung können die benötigten Fleischberge (durchschnittlich über 63 kg/Kopf und Jahr) zu den gewohnten Preisen gar nicht produziert werden. Seltener Fleisch zu essen, dafür aber besseres (artgerecht erzeugtes), stützt unsere Empfehlung von bis zu zwei Fleischmahlzeiten pro Woche, wobei das Fleisch eher als Beilage für Gemüse und Kartoffeln gedacht ist. Unter'm Strich ist das auch nicht teurer.

Außer Seefisch enthält kein anderes Lebensmittel nennenswerte Mengen an Jod. Deshalb sollte einmal pro Woche Seefisch auf dem Speiseplan stehen.

Mehr als zwei Eier pro Woche, einschließlich der versteckten, z. B. in Pfannkuchen, Aufläufen, Kuchen, sollten nicht gegessen werden.

Warum ist Fisch so gesund?

Fisch, und besonders Seefisch, ist reich an Eiweiß und Jod. Je nach Fettgehalt kommen noch fettlösliche Vitamine und wertvolle Fettsäuren, unter anderem Omega-3-Fettsäuren hinzu. Außerdem ist Fisch leichter verdaulich als Fleisch. Fischfilets sind für Kinder deshalb einfacher, weil keine Gräten drin sind. Seelachs, Scholle, Kabeljau und Rotbarsch enthalten besonders viel Jod und vergleichsweise weniger Umweltschadstoffe als Raubfische, z. B. Heilbutt oder Thunfisch. Und wenn es die geliebten Fischstäbchen sein sollen, schauen Sie auf die Zutatenliste. Sind außer Fisch, Panade und Gewürzen nicht auch noch eine Reihe weiterer Zutaten vorhanden, sind Fischstäbchen besser als gar kein Fisch.

Müssen Kinder Fleisch essen?

Jein! Eine streng vegetarische Ernährung, bei der sämtliche tierische Lebensmittel fehlen, ist kritisch, weil sie schwere Entwicklungsstörungen verursachen kann. Kein Problem ist es, wenn Milch, Milchprodukte, Fisch und Eier auf dem Speiseplan stehen, allenfalls muss auf eine eventuelle Unterversorgung bei Eisen geachtet werden. Besonders eisenreich sind Getreide (Roggen, Hirse, Hafer, Grünkern) und die Gemüsearten Spinat, Fenchel, Rosenkohl und Grünkohl. Getreide ist ein guter Fleischersatz. Gerade die Kombination mit Vitamin C-haltigem Obst und Gemüse sorgt dafür, dass das Eisen aus dem Getreide besser ausgenutzt wird. Für Kleinkinder, die möglicherweise weniger Getreidegerichte essen (oder vertragen), kann ein mäßiger Fleischkonsum bis zu zweimal pro Woche das Risiko einer Eisen-Unterversorgung ausschalten.

Gewürze, Kräuter, Salz

Frische Kräuter helfen Salz als Würzmittel zu „entlasten“ und sind außerdem wichtige Vitamin- und Mineralstoffquellen. Getrocknete und tiefgefrorene Kräuter sind im Winter eine gute Alternative.

Zum Salzen sollte jodiertes Speisesalz genommen werden; es verbessert die oftmals unzureichende Jodzufuhr.

Ist scharfes und stark gewürztes Essen für Kinder schädlich?

In der Regel nicht, es kann aber schneller den Geschmack „verderben“. Beobachten Sie Ihr Kind, wie es auf Gewürze reagiert. Da Kinder ein noch viel intensiveres Geschmacksempfinden als Erwachsene haben, kann es durchaus passieren, dass sie Scharfes und bestimmte Gewürze gar nicht mögen.

Süßungsmittel

Zucker und Süßwaren sollten bekanntlich nur in Maßen genossen werden. Sie sind in der Regel arm an Vitaminen, Mineral- und Ballaststoffen, stark verarbeitet, können – da sie häufig mit Fett zusammen verarbeitet werden – Übergewicht fördern und die Zähne schädigen.

Da Süßes eine nicht zu vernachlässigende Rolle für Kinder spielt, haben wir diesem Thema einen eigenen Platz eingeräumt. Mehr dazu finden Sie ab Seite 47.

Orientierungsstufen erleichtern die Auswahl

Wir wollen Ihnen die Auswahl der Lebensmittel durch Einteilung in drei Kategorien erleichtern: in *empfehlenswerte, weniger empfehlenswerte* und *nicht empfehlenswerte* Lebensmittel (**siehe Übersicht auf den folgenden Seiten**).

Bei dieser Einteilung sind gesundheitliche, ökologische und soziale Aspekte berücksichtigt; eine besondere Rolle spielt die Verarbeitung der Lebensmittel, die häufig den Wert der Nährstoffe mindert, den Einsatz von Hilfs- und Zusatzstoffen erzwingt, Energie verbraucht und aufwendige Verpackung mit sich bringt.

Optimal ist es, überwiegend *„empfehlenswerte"* Lebensmittel zu essen, denn diese erfüllen am besten die Forderungen der Vollwert-Ernährung. Wenn (noch) nicht alle Familienmitglieder die Palette der ersten Gruppe akzeptieren, können Produkte aus der Gruppe *„weniger empfehlenswert"* „nachrücken". Die Produkte der Gruppe *„nicht empfehlenswert"* sollten allenfalls „Statistenfunktion" haben.

Vollwert-Ernährung Orientierungstabelle

Wertstufen	sehr empfehlenswert	
Verarbeitungsgrad	Nicht/gering verarbeitete Lebensmittel (unerhitzt)	Mäßig verarbeitete Lebensmittel (vor allem erhitzt)
Mengenempfehlung	Etwa die Hälfte der Nahrungsmenge	Etwa die Hälfte der Nahrungsmenge
	Die Übergänge zwischen den Spalten sind teilweise fließend	
Gemüse Obst	Frischgemüse, -obst Milchsaures Gemüse (z. B. Frischkost-Sauerkraut)	Erhitztes Gemüse, auch milchsaures; erhitztes Obst; Tiefkühlgemüse*, -obst*
Getreide	Gekeimtes Getreide; Vollkornschrot (z. B. Frischkornmüsli); frisch gequetschte Flocken	Vollkornprodukte (z. B. Vollkornbrot, -nudeln, -flocken, -feinbackwaren; Vollkorngerichte)
Kartoffeln		Gegarte Kartoffeln (möglichst Pellkartoffeln)
Hülsenfrüchte		Gekeimte, blanchierte Hülsenfrüchte; erhitzte Hülsenfrüchte
Nüsse Fette Öle	Nüsse*; Mandeln*; Ölsamen* (z. B. Sonnenblumenkerne, Sesam); Ölfrüchte* (z. B. Oliven)	Geröstete Nüsse*; Nussmuse*; native, kaltgepresste Öle*; ungehärtete Pflanzenmargarinen mit hohem Anteil an nativen, kaltgepressten Ölen*; Butter*
Milch Milchprodukte	Vorzugsmilch**	Pasteurisierte Vollmilch; Milchprodukte (ohne Zutaten); Käse* (ohne Zusatzstoffe)
Fleisch Fisch Eier		Fleisch* (bis 2x/Woche); Fisch* (bis 1x/Woche); Eier* (bis 2 Stück/Woche)
Getränke	Ungechlortes Trinkwasser; kontrolliertes Quellwasser, natürliches Mineralwasser	Kräuter-, Früchtetees; verdünnte Fruchtsäfte; verdünnte Gemüsesäfte; Getreidekaffee*
Gewürze Kräuter Salz	Ganze oder frisch gemahlene Gewürze; frische Kräuter	Gemahlene Gewürze; getrocknete Kräuter; jodiertes Meer- und Kochsalz*
Süßungsmittel	Frisches, süßes Obst	Honig* (nicht wärmegeschädigt, verdünnt); Trockenobst* (ungeschwefelt, eingeweicht)

*** mäßig zu verwenden / ** nicht für Kinder geeignet**

Die Tabelle ist als farbiges DIN A3-Plakat zu beziehen bei:
• VZ NRW, siehe Impressum, und • UGB, Sandusweg 3, 35435 Gießen-Wettenberg

Wertstufen	weniger empfehlenswert	nicht empfehlenswert
Verarbeitungsgrad	Stark verarbeitete Lebensmittel (vor allem konserviert)	Übertrieben verarbeitete Lebensmittel und Isolate/Präparate
Mengenempfehlung	Nur selten verzehren	Möglichst meiden
	Die Übergänge zwischen den Spalten sind teilweise fließend	
Gemüse Obst	Gemüsekonserven (z. B. Tomaten in Dosen); Obstkonserven (z. B. Kirschen in Gläsern)	Nahrungsergänzungsmittel (z. B. Vitamin-, Mineralstoff-, Ballaststoffpräparate); Tiefkühlfertiggerichte
Getreide	Nicht-Vollkornprodukte (z. B. Weißbrot, Graubrot, weiße Nudeln, Cornflakes, Auszugsmehl, Feinbackwaren); geschälter (weißer) Reis	Getreidestärke (z. B. Maisstärke)
Kartoffeln	Fertigprodukte (z. B. Püree-, Knödelmischung, Chips); Pommes frites	Kartoffelstärke
Hülsenfrüchte	„Sojamilch"; Tofu; Fertigprodukte (z. B. Bratlingsmischung)	„Sojafleisch" (TVP); Sojaprotein; Sojalezithin
Nüsse Fette Öle	Gesalzene Nüsse; extrahierte, raffinierte Fette und Öle; ungehärtete Pflanzenmargarinen; Kokosfett; Butterschmalz	Nuss(-Nougat)-Creme; gehärtete Fette (z. B. die meisten Margarinen, Frittierfette); Fett-Ersatzstoffe
Milch Milchprodukte	H-Milch(-produkte); Milchprodukte (mit Zutaten); Käse (mit Zusatzstoffen)	Sterilmilch; Kondensmilch; Milchpulver; Milchzucker; Milch-, Molkenprotein; Milch- und Käse-Imitate; Schmelzkäse
Fleisch Fisch Eier	Fleischwaren, -konserven; Wurstwaren, -konserven; Fischwaren, -konserven	Innereien; Ei-Pulver; Flüssig-Ei
Getränke	Tafelwasser; Fruchtnektare; Kakao; Bohnenkaffee**; Schwarzer Tee**; Bier**; Wein**	Limonaden; Cola-Getränke; Fruchtsaftgetränke; Instantgetränke (z. B. Tee, Kakao); Sportlergetränke; Energy-Drinks; Spirituosen**
Gewürze Kräuter Salz	Kräutersalz; Meersalz; Kochsalz	Aromastoffe (natürliche, naturidentische, künstliche); Geschmacksverstärker (z. B. Glutamat)
Süßungsmittel	Honig (wärmegeschädigt); Trockenobst (geschwefelt); Dicksäfte (z. B. aus Äpfeln, Agaven); Sirup (z. B. aus Ahorn, Zuckerrüben); Vollrübenzucker; Vollrohrzucker	Süßwaren; Süßigkeiten; Isolierte Zucker (z. B. Haushalts- und brauner Zucker, Fruchtzucker u. a. Zuckeraustauschstoffe); Süßstoffe

Essen und Trinken von früh bis spät

Genauso wichtig wie das Was und Wie viel ist beim Essen das Wann, sprich: die Verteilung der Mahlzeiten über den Tag. Der kindliche Stoffwechsel ist vormittags am aktivsten und benötigt entsprechende Unterstützung durch die Nahrung. Die Faustregel für die Verteilung: ein Drittel am Morgen und am Vormittag, ein Drittel mittags, der Rest am Nachmittag und Abend, entsprechend aufgeteilt also auf fünf Mahlzeiten.

Die sogenannte physiologische Leistungskurve (siehe Grafik) zeigt den biologischen Tagesrhythmus des Körpers, dem mit leichten Verschiebungen jeder unterliegt. Diese Leistungskurve kann durch die Ernährung beeinflusst werden. Zwischenmahlzeiten am Vormittag und Nachmittag mildern Leistungsabfälle zwischen den drei Hauptmahlzeiten. Mehrere kleine Mahlzeiten über den Tag verteilt belasten zudem die Verdauung nicht so sehr, der Körper wird den ganzen Tag über gleichmäßig mit Nährstoffen versorgt, verbrauchte Energie wird zügig ersetzt, die Leistungsfähigkeit ist beständiger.

Leistungskurve

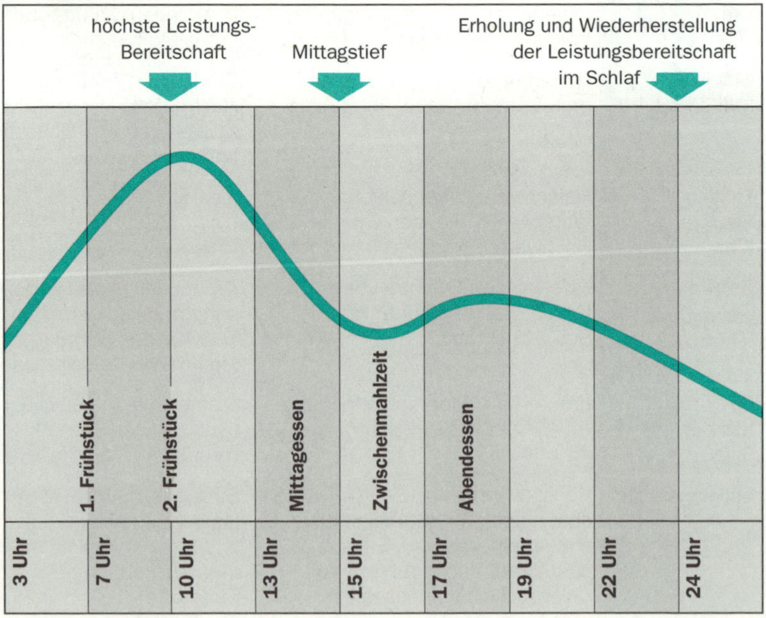

Essen und Trinken mit Genuss

Essen und Trinken heißt weitaus mehr, als dem Körper und Geist „Treibstoff“ für ein gutes Funktionieren und In-Gang-halten zuzuführen. Essen und Trinken dient auch dem seelischen Wohlbefinden, wenn es schmeckt und in angenehmer Atmosphäre „einverleibt“ wird. Die Mahlzeiten helfen dabei, dass die Familie zusammenkommt, an einem Tisch sitzt, sich unterhält und austauscht, die Gemeinsamkeit und das Essen genießt. Diese „Nebenwirkungen“ sind für die Entwicklung des Kindes und seine Gesundheit sehr wichtig und sollten nicht unterschätzt werden.

Kinder essen, was appetitlich und lecker aussieht. Eine farbenfrohe Zusammenstellung der Mahlzeiten mit bunten Früchten und bunten Gemüsearten ist wichtig. Kinder finden kleine, lustige Dinge niedlich, wie kleine Kartoffeln, kleine Gemüsestückchen, Sternchen- oder Schraubennudeln. Ebenso gut kommt eine nette Dekoration mit Kräutern, Obst- und Gemüsestückchen auf „eintönigen“ Speisen wie Suppen, Eintöpfen oder Saucen an.

Und über den Tellerrand hinaus können nettes Geschirr, Sets, lustiger Tischschmuck und Blumen die Laune aufs Essen fördern.

Mein Kind mag nicht essen. Was kann ich tun?

Als erstes, zwingen Sie ihr Kind nicht zu essen, denn Essen soll Genuss sein und keine lästige Pflicht. Beobachten Sie Ihr Kind und registrieren Sie, wann und wie viel es isst – bei den Mahlzeiten und zwischendurch, ob es sich vielleicht zu wenig bewegt. Sprechen Sie mit ihm darüber, was es gar nicht oder anders lieber mag. Wenn Ihr Kind allerdings zusätzlich unkonzentriert ist oder abmagert, sollten Sie sich an Ihren Kinderarzt oder Ihre Kinderärztin wenden.

Essen und Trinken lernen

Beim Essen kann auch die Selbständigkeit der Kinder gefördert werden. Natürliche Nach- und Mitmachbedürfnisse des Kindes sollten nicht unterdrückt werden, es sollte dann ruhig selbst Kartoffeln, Gemüse oder Sauce nehmen, umrühren, Kartoffeln zerdrücken oder das Brot schmieren. Bereits kleine Kinder – natürlich mit liebevoller und geduldiger Unterstützung der Eltern und Geschwister – lernen, sich selbst zu bedienen.

Mit der Zeit kann das Kind auch am „Drumherum des Essens" beteiligt werden – z. B. an der Zubereitung, am Tisch decken und schmücken, am Einkauf, am Einpflanzen, Pflegen und Ernten, wenn man einen Garten hat. Entsprechende „Hilfsangebote" sollten nicht ausgeschlagen werden. Der „lästige Mehraufwand" bei Ihnen zahlt sich später durch eine größere Selbständigkeit Ihres Kindes aus.

Die Mahlzeiten

.... *1. Frühstück zu Hause*

In vielen Familien ist das Frühstück ein „Stiefkind". Häufig wird morgens auf die Schnelle gefrühstückt. Manche essen gar nichts, weil sie nicht mögen oder zu spät aufgestanden sind.

Die Kinder übernehmen oft das Verhalten ihrer Eltern und verlassen ggf. das Haus, ohne etwas gegessen und für die Schule mitgenommen zu haben.

Geeignete Lebensmittel für das 1. Frühstück sind:

- Brot, Brötchen, Knäckebrot aus Vollkorn
- Butter oder ungehärtete Pflanzenmargarine und Belag wie Quark, Käse, Aufschnitt
- Müsli oder Frischkornbrei (**Rezept Seite 76f.**)
- Jogurt, Quark, Dickmilch, Milch oder Kakao
- Obst, z. B. Apfel, Banane, Birne, Mandarine
- Getränke wie Früchte- und Kräutertee, verdünnte Obst- und Gemüsesäfte, Mineralwasser

Das **ideale Frühstück** ist die Kombination von Vollkorngetreide, frischem Obst und Milchprodukten. Aus dieser Dreierkombination lassen sich so leckere Sachen zubereiten, dass ein Frühstücksmuffel zum Frühstücksfan werden kann.

Ein Frühstück aus Weißbrot, Marmelade, Nuss-Nougat-Creme und fetter Wurst enthält durch den hohen Zucker- und Fettgehalt zwar ausreichend Kalorien, bringt aber keine echte Power, weil wichtige Nährstoffe fehlen.

Rechtzeitiges Schlafengehen am Abend und pünktliches Aufstehen sind wichtige Voraussetzungen, um in Ruhe frühstücken zu können. Alleine frühstücken macht bedeutend weniger Spaß. Kann die Familie nicht gemeinsam frühstücken, sollte zumindest ein Familienmitglied dem Kind Gesellschaft leisten. Am Wochenende kann das gemeinsame „Sonntagsfrühstück" als Familienereignis gefeiert werden.

Ein abwechslungsreiches Frühstück und ein freundlich gedeckter Tisch regen den Appetit an. Das Mithelfen beim Tischdecken oder Müslizubereiten fördert zusätzlich Spaß und Freude am Frühstück.

Etliche Studien deuten darauf hin, dass Kinder, die frühstücken, in den Morgenstunden oft leistungsfähiger und reaktionsschneller sind und nicht so schnell ermüden.

?

Was ist so gesund an Nuss-Nougat-Creme?

Nichts! Nuss-Nougat-Creme enthält viel Zucker und Fett und nur wenig Eiweiß und Vitamine. Deshalb kann sie nicht als wertvoll angesehen werden und sollte nicht täglich aufs Butterbrot geschmiert werden. Gesündere Kompromisse sind z. B. Marmelade auf dem Quarkbrot oder Weintrauben oder Apfelscheiben zum Käsebrot. Ein Rezept für eine selbsthergestellte Nuss-Nougat-Creme finden Sie auf Seite 78.

?

Wie wichtig ist eigentlich das Frühstück?

Sehr wichtig, denn durch die Nachtpause sind die Kohlenhydratspeicher der Leber ganz oder größtenteils erschöpft, und die Gehirnzellen sind auf eine konstante Blutzuckerkonzentration angewiesen. Das erste Frühstück zu Hause und das zweite im Kindergarten oder in der Schule füllen diese „Löcher" wieder auf. Wenn Ihr Kind gleich nach dem Aufstehen kein üppiges Frühstück oder Müsli mag, sollte das Pausenbrot für Ausgleich sorgen und etwas gehaltvoller ausfallen. Achten Sie aber doch darauf, dass Ihr Kind nicht ganz ohne Frühstück aus dem Haus geht. Eine Kleinigkeit kann immer gegessen werden, z. B. ein kleines Brot mit Quark oder Käse, ein Stück Obst, eine Tasse Milch oder Kakao.

...... 2. Frühstück in Kindergarten oder Schule

Auch das Pausenfrühstück liegt oft im Argen. Statt was „Gescheites zum Essen" gibt's häufig Geld, für das sich viele Kinder auf dem Schulweg oder am Schulkiosk Süßigkeiten, Limonade, Gebäck oder ähnliches kaufen (müssen).

Die beim ersten Frühstück aufgenommenen Kohlenhydrate reichen nicht aus, um bis zum Mittag für genügend geistige Konzentration und körperliche Aktivität zu sorgen. Das Pausenfrühstück in Kindergarten und Schule ist die Brücke und liefert neue Energie für die zweite Vormittagshälfte.

Je kleiner das erste Frühstück war, desto größer sollte das Pausenfrühstück ausfallen. Wichtig ist, dass auch dieser Snack appetitlich zubereitet und entsprechend verpackt ist. Je nach Situation kann man das Auspacken zu einer täglichen Überraschung gestalten oder vorher mit dem Kind absprechen, was es gerne mitnehmen möchte.

Geeignete Lebensmittel für das Pausenbrot sind

- Vollkornbrot oder Vollkornbrötchen
- Butter oder ungehärtete Margarine und Belag wie Käse, Aufschnitt
- Gemüsestücke aus Möhren, Tomaten, Paprika, Radieschen, Gurken
- Obst wie Apfel, Birne, Apfelsine, Mandarine, Banane, Weintrauben
- Jogurt- und Quarkspeisen
- Getränke wie Früchte- oder Kräutertee, verdünnte Obst- und Gemüsesäfte, Mineralwasser, Milch oder Kakao.

Geeignete Verpackungen für das Pausenbrot und die Getränke sind z. B. Frühstücksdosen, Flaschen oder Becher aus Kunststoff, die man gut verschließen und immer wieder verwenden kann. Individuell gestaltet, z. B. mit Namen oder Bildchen versehen, wird für ein Kind aus einer Dose oder Flasche „meine Dose“ und „meine Flasche“.

Mittagessen ......

Kinder kommen hungrig aus der Schule – falls sie auf dem Heimweg nicht Süßigkeiten, Kekse oder anderes genascht haben. Ein warmes und abwechslungsreiches Mittagessen, das nach einer kleinen Entspannungspause mit der Familie eingenommen wird, wäre dann optimal. Ist das nicht möglich, können je nach Familiengröße, Tagesablauf und Geräteausstattung vorgekochte Gerichte in passenden Portionen frisch aufgewärmt werden, z. B. in der Mikrowelle. Oder es steht nur eine kleine Mahlzeit wie Milchreis, Quarkspeise, Getreidebratlinge bereit, und die warme Mahlzeit wird auf den Abend verlegt.

Ein vollwertiges Mittagessen besteht aus Rohkost, Gemüse, Kartoffeln, Getreide und evtl. Obst. Der Fleischanteil sollte klein ausfallen. Wir empfehlen maximal zwei Fleischmahlzeiten in der Woche und unbedingt eine Fischmahlzeit; an den übrigen Wochentagen kann es gut „vegetarischer" zugehen. Im Rezeptteil finden Sie viele Vorschläge.

Eine **ideale Mittagsmahlzeit** beginnt mit einem Rohkostsalat. Das Hauptgericht kann aus Getreide, Kartoffeln oder Gemüse – ergänzt durch Milchprodukte, Käse und Eiern – bestehen. Zu den Getreidegerichten gehören Bratlinge, Getreide-Gemüse-Aufläufe oder Eintopfgerichte. Ein Nachtisch muss nicht sein, Kinder können sich an Herzhaftem satt essen. Er kann aber durchaus Zwischenmahlzeit am Nachmittag sein. Viel wichtiger ist es, dem Kind zum Essen auch etwas zum Trinken anzubieten.

An warmen Sommertagen, oder wenn der Hunger mal nicht so groß ist, können Speisen aus Obst und Milchprodukten das Mittagessen ersetzen.

Soll ich meinem Kind ACE-Säfte oder andere mit Vitaminen und Mineralstoffen angereicherte Getränke geben?

Nein. Eine abwechslungsreiche Ernährung bietet alle lebensnotwendigen Vitamine und Mineralstoffe in optimal zusammengesetzter Form und Kombination. Zugesetzte Vitamine und Mineralstoffe erreichen nie diese harmonische Zusammensetzung. Darüber hinaus können wir mittlerweile davon ausgehen, dass ein Teil der zugesetzten Vitamine gentechnisch hergestellt wurde. Auch wenn die meisten Säfte in Bezug auf einen gesteigerten Vitamingehalt unproblematisch sind – ein Zuviel wird in der Regel ausgeschieden – bei den Mineralstoffen sieht das schon anders aus. Verschiedene Mineralstoffe beeinflussen sich gegenseitig bei ihrer Wirkung und Ausnutzung, z. B. vermindert Calcium die Bioverfügbarkeit von Eisen.

Ist das Aufwärmen in der Mikrowelle für Kinder gefährlich?

Nein! Richtig eingesetzt, das heißt, vor allem zum Aufwärmen kleiner Portionen, helfen sie, Zeit und Geld zu sparen. Mit einer in der Mikrowelle aufgewärmten Portion eines vorgekochten Gerichtes ist Ihr Kind jedenfalls besser versorgt als mit frisch zubereiteten Pommes aus der nächsten Bude.

Sind Lebensmittel mit Alkohol für Kinder schädlich?

Auf Dauer gesehen – „Ja“. Auch wenn Süßspeisen, Fertigprodukte, Backwaren – ebenfalls Selbstgekochtes – mit Alkohol nicht direkt gesundheitsschädlich sind: Gegen Alkohol im Essen sprechen zwei wichtige Gründe. Kinder reagieren wegen ihres geringeren Körpergewichts wesentlich stärker als Erwachsene auf Alkohol, und ihre Leber muss sehr viel mehr „Verdauungsarbeit“ leisten. Außerdem können sich Kinder, auch wenn der Alkohol sich zum Teil beim Kochen, Braten, Backen verflüchtigt, an den Geschmack gewöhnen und später u. U. leichter auf diesen kommen.

Dürfen Kinder beim Essen auch trinken?

Ja, und es gibt auch gute Gründe dafür: Das Essen rutscht häufig besser, der höhere Flüssigkeitsbedarf von Kindern wird so sicherer gedeckt. Deshalb kann zu *jeder* Mahlzeit auch ein Getränk gegeben werden. Wichtig ist aber, geeignete Durstlöscher auszuwählen (**siehe Seite 26**).

Sollten Kinder täglich etwas Warmes essen?

Nach Möglichkeit ja. Denn der Speisezettel wird automatisch abwechslungsreicher, wenn gekocht wird. Außerdem müssen viele nährstoffreiche Lebensmittel gegart werden, wie Reis oder Hülsenfrüchte, oder werden gegart verdaulicher, wie Kartoffeln.

So sollte das Mittagessen nicht aussehen

Die von vielen Kindern heißgeliebten, rot/weißen Pommes (mit Mayo und Ketchup) und Currywurst gehören nicht in die Rubrik der wertvollen Mittagessen, auch nicht die gewohnten Gerichte wie helle Spaghetti, Schnitzel und Bratwurst. Diese Gerichte liefern reichlich Kalorien, sind aber arm an Vitaminen, Mineralstoffen und Ballaststoffen. Sie füllen den Magen auf und machen satt – und nicht fit.

Selbstverständlich brauchen und sollen diese Gerichte nicht alle von heute auf morgen vom Speisezettel verbannt werden. Durch geschickte Austauschmanöver und Ergänzungen können sie durchaus aufgewertet werden, z. B. wenn der Fleischanteil reduziert und Salate, Gemüse und Kartoffeln mehr Bedeutung gewinnen oder es zu Pommes statt Cola Orangensaft-Schorle gibt. So können Kinder Neues probieren, ohne auf Geliebtes zu verzichten. Einige Anregungen für Aufwertungen finden Sie auf der nächsten Seite.

Wie ein Wochenplan fürs Mittagessen aussehen kann

	Statt …	… besser
Montag	Pfannkuchen aus hellem Mehl mit Pfirsichkompott	kleine Rohkost-Platte* Vollkorn-Pfannkuchen mit Äpfeln*
Dienstaag	paniertem Schnitzel mit Rotkohl und Kartoffeln	Eisberg-Salat mit Orangenstücken* kleines unpaniertes Schnitzel mit Kartoffeln und Rotkohl
Mittwoch	Reibekuchen mit Apfelmus	Tomatensuppe* Kartoffel-/Gemüse-Puffer*
Donnerstaag	Ravioli in Tomatensauce Schoko-Pudding	Chicoréesalat* Vollkornnudeln mit Tomatensauce*
Freitag	Fischstäbchen mit Pommes und Erbsen	Rote Bete-Salat* Fischfilet, natur gebraten mit Kartoffeln, Erbsen und Möhren
Samstag	Nudelsuppe mit Würstchen	Minestrone mit viel Gemüse* und Vollkornbrötchen*
Sonntag	Gulasch mit Nudeln und Gurkensalat Eis	Gurken-Salat Gulasch mit Gemüse (z. B. Zwiebeln, Paprika, Tomaten) mit Vollkornnudeln 1 Kugel Vanilleeis

* Das entsprechende Rezept finden Sie im Rezeptteil ab Seite 73

......Zwischenmahlzeit am Nachmittag

Die Zwischenmahlzeit am Nachmittag, das „Kaffeetrinken“, hat die gleiche Bedeutung wie das zweite Frühstück oder das Pausenbrot. Einem Konzentrations- und Leistungsabfall bei den Hausaufgaben, diversen Hobbies, Spiel und Sport soll vorgebeugt werden. Gern werden nachmittags Süßigkeiten wie Bonbons, Gummibärchen, Schokolade oder Plätzchen genascht. Durch den hohen Zucker- und Fettgehalt sind diese eher „Fett“- als Fitmacher und keine geeigneten Zwischenmahlzeiten.

Das Verlangen nach „Süßem“ kann durch Obst, Trockenfrüchte, Studentenfutter, fruchtige Quarkspeisen oder Vollkornkuchen und Vollkorngebäck gestillt werden. Manche Kinder vespern auch gerne ein kräftiges Brot oder knabbern gern rohes Gemüse.

Vorschläge für die Zwischenmahlzeit am Nachmittag:

- Bunter Obstteller oder Rohkostteller, bestehend aus rohem Obst oder Gemüse, in mundgerechte Stücke geschnitten
- Jogurt- oder Quarkspeise mit frischem Obst der Jahreszeit
- Nüsse und Trockenfrüchte, wie Studentenfutter zusammengestellt
- Vollkornkuchen oder Vollkorngebäck
- Vollkornknäcke oder -zwieback mit Kräuterquark, Käse oder einen süßen Brotaufstrich, z. B. Honig, Konfitüre
- Getränke wie Trinkwasser, Mineralwasser, Kräuter- oder Früchtetee, verdünnte Obstsäfte

Zahlreiche Anregungen finden Sie im Rezeptteil ab Seite 73.

Abendessen ......

Ob kalt oder warm – das Abendessen sollte nicht zu spät eingenommen werden und leicht verdaulich sein, damit man nicht mit vollem Magen ins Bett geht.

Der Begriff „Abendbrot“ muss nicht unbedingt wörtlich genommen werden. Immer nur belegte Brote am Abend – das wird auf die Dauer langweilig. Ein kleiner Salat oder Rohkostteller, Dips, Getreidebratlinge und verschiedene Vollkornbackwaren sorgen für Abwechslung.

Geeignete Lebensmittel für das Abendessen:

- Vollkornbrot mit Frischkäse oder Kräuterquark, dazu z. B. Tomaten, Gurken, Paprikastreifen
- Vollkornbrot mit Käse, dazu ein Rohkostsalat
- Pikante Waffeln mit Gurken-Kräuter-Sauce
- Getreidebratlinge mit Tomatensauce
- Getränke wie Trinkwasser, Mineralwasser, Kräuter- oder Früchtetee, verdünnte Obstsäfte

Sollte sich vor dem Schlafengehen noch einmal der Hunger bemerkbar machen, so hilft ein Stück Obst oder rohes Gemüse darüber hinweg.

Die Mahlzeiten auf einen Blick

Zusammengefasst finden Sie nachfolgend zwei Beispiele für die vollwertige Ausrichtung der Mahlzeiten für eine Familie über jeweils einen ganzen Tag hinweg.

	1. Vorschlag	2. Vorschlag
1. Frühstück	○ Müsli mit Jogurt, frischem Obst und Nüssen ○ Kräutertee	○ Vollkornbrot mit Quark und Konfitüre ○ 1 Glas Milch
2. Frühstück	○ Vollkornbrot mit Butter und Käse ○ Kohlrabischeiben ○ Schulmilch	○ Vollkornbrötchen* mit Butter und Schinken ○ Tomaten-, Gurken-, Paprikastücke ○ Apfelschorle
Mittagessen	○ Bunter Nudelauflauf* ○ 1 Glas Wassser	○ Möhren-Apfel-Rohkost* ○ Grünkernbratlinge* mit Tomatensauce ○ 1 Glas Wasser
Zwischenmahlzeit	○ Jogurt mit frischen Früchten der Saison ○ Orangensaft-Schorle	○ Obstkuchen* ○ Früchtetee
Abendessen	○ Vollkornbrot mit Kräuterquark ○ Möhren, Gurke, Paprika ○ Früchtetee	○ Tsatsiki* ○ Pellkartoffeln* ○ Salat ○ Kräutertee

*** Das entsprechende Rezept finden Sie im Rezeptteil ab Seite 73**

Wichtig ist es, dass unterm Strich nach einem Tag – oder auch nach einer Woche – die Versorgung mit allen notwendigen Nähr- und Mineralstoffen sowie Vitaminen ausreichend und ausgewogen ist. Weitere Orientierungshilfen finden Sie im Anhang: Zum einen eine Übersicht „Anhaltswerte für altersgemäße Lebensmittelmengen" (**Seite 149**) und eine kleine Aufstellung „Austauschmöglichkeiten von Lebensmitteln mit ähnlichem Nährwert bzw. Energiegehalt"(**Seite 155**).

Dauerthema Zucker

Macht Zucker das Leben „süß“?

Zweifellos ist „süß“ von Natur aus ein angenehmer Geschmack und spiegelt sich einhellig freundlicher im Mienenspiel von Mensch und Tier wider als Dinge, die salzig, sauer oder bitter schmecken. Wird dieser Geschmacksvorliebe ständig nachgegeben, steigt die Reizschwelle für Süßes immer höher. „Immer süßer, immer mehr“ wird die Devise. Diese Tendenz kann ein Kind schon „in der Wiege mitbekommen“, wenn es mit süßer Babynahrung gefüttert wird.

Ein weiterer positiver Wert, den Süßes verkörpert, ist eher menschengemacht. Süßes ist Erziehungsmittel, Belohnung für gute Leistungen und fürs Liebsein, und „Pflaster“ bei Kummer, Schmerz, Ärger und Schwierigkeiten.

Und die Süßwarenindustrie setzt mit ihrer Werbung noch was drauf und verbindet Süßes mit Liebe, Glück, Zuneigung, Verständnis, Leichtigkeit. Wie sollen Kinder und Eltern diesen süßen Verlockungen und Vorbildern widerstehen?

Die Kehrseite dieser Medaille ist bekannt, wird aber gerne übersehen. Wir drehen sie an dieser Stelle bewusst nach vorne (**siehe Seite 48**). Dabei wollen wir nicht die „Lust auf Süßes“ vermiesen, sondern dazu beitragen, Süßes auch langfristig ohne Reue zu genießen.

„Zucker macht das Leben süß“

„Wenn der Körper nach Süßem verlangt, dann braucht er es auch“

„Kinder brauchen Süßes“

Was ist von diesen oder ähnlich lautenden Aussprüchen zu halten, die häufig willkommenes Alibi sind, unstillbare Schleckersüchte zu rechtfertigen?

Zucker macht das Leben süß, aber ...

... fördert Karies

Bei nicht ausreichender Zahnpflege (nach jeder zuckerhaltigen Mahlzeit) kann in den Zahnbelägen durch den Abbau von Kohlenhydraten Säure produziert werden, die den Zahnschmelz zerstört. Sinkt der pH-Wert in den Zahnbelägen unter 5,5, kann verstärkt Karies entstehen. Begünstigt wird diese Tendenz durch Nahrungsmittel, die neben Zucker noch Säure enthalten (z. B. Cola, Zitrusgetränke), und durch eine Kombination von Stärke und Zucker (z. B. Banane). Übrigens kann nicht nur der normale Haushaltszucker kariogen sein, sondern ebenso Trauben- und Fruchtzucker. Milch und Milchzubereitungen haben dagegen einen zahnschonenden Effekt – sie „neutralisieren" die Säure, ebenso vermehrter Speichelfluß (durch intensives Kauen angeregt).

... macht dick

Zucker und Süßigkeiten können Übergewicht fördern, wenn sie einen hohen Anteil am gesamten Lebensmittelverzehr einnehmen. Die Energiezufuhr übersteigt dann den eigentlichen Bedarf. Süßigkeiten zählen generell zu den energiereichen Lebensmitteln, da sie neben viel Zucker oft auch beträchtliche Mengen an Fett enthalten. Bei der Entstehung von Übergewicht spielt neben einem hohen Süßigkeitenkonsum die körperliche Bewegung eine große Rolle. Übergewicht kann sich verstärken, wenn hohe Energieaufnahme und mangelnde Bewegung zusammen kommen.

Einige Beispiele für den hohen Kaloriengehalt von Süßigkeiten und süßen Getränken:

1 Schokokuss (20 g)	90 kcal
1 Schokoriegel (60 g)	250 kcal
100 g Gummibärchen	330 kcal
1 Riegel Schokolade (ca. 15 g)	90 kcal
1 Glas Limo (0,2 l)	100 kcal
1 Glas Fruchtsaftgetränk (0,2 l)	90 kcal

Braucht der Körper Süßes?

Grundsätzlich brauchen weder Kinder noch Erwachsene Zucker. Den Zucker, den Körperzellen und Gehirn zur Energiegewinnung und für Abläufe im Stoffwechsel benötigen, produziert der Körper selbst, indem er Kohlenhydrate, die als Stärke in Vollkornprodukten, Kartoffeln, Hülsenfrüchten, Gemüse und als Fruchtzucker im Obst enthalten sind, abbaut. Die Verdauung dieser Lebensmittel erfolgt langsam, so dass der Zucker nach und nach an das Blut abgegeben wird. Reiner Zucker dagegen, wie er in Süßigkeiten, süßen Speisen und Getränken enthalten ist, wird schnell verdaut und gelangt überfallartig ins Blut. Um den Zucker schnell aus dem Blut in die Körperzelle zu transportieren, setzt der Körper große Mengen des Hormons Insulin frei. Der Zuckerspiegel fällt rapide ab, die Reaktion des Körpers darauf ist Heißhunger auf Süßes. Wird wieder „Süßes“ gegessen, kommt es zur erneuten Insulinausschüttung, und der Teufelskreis beginnt von neuem.

Stimmt es, dass Süßhunger angeboren ist?

Jein! Man kann in gewissem Maße schon von einer angeborenen Schwäche für Süßes ausgehen, denn Fruchtwasser und Muttermilch sind leicht süß. Der spätere „Schmacht auf Süßes“ entwickelt sich aber erst dadurch, dass süße Babykost, süßer Tee, süße Kekse usw. diese natürliche Vorliebe ständig mitfüttern. Es geht auch ohne Zucker in der Babyernährung. Das zeigen Länder, die ohne Zucker auskommen. Der Vollständigkeit halber wollen wir noch betonen, dass es hier nicht um den Heißhunger geht, der uns ab und zu überfällt und in der Regel ganz andere Gründe hat, sondern um den „chronischen“ Süßhunger.

Wo Zucker überall drinsteckt

Der gebräuchlichste Zucker bei uns ist der übliche Weißzucker – auch Haushaltszucker, Fabrikzucker, Saccharose genannt. Er wird fast ausschließlich aus Zuckerrüben gewonnen. Zucker enthält keine Vitamine, keine Ballaststoffe und nur Spuren an Mineralstoffen, aber ca. 400 kcal in 100 g. Daher stammt der Ausdruck, Zucker enthält „leere Kalorien".

Knapp ein Fünftel unseres Zuckerkonsums erfolgt direkt von „der Hand in den Mund". Allein diese Menge macht durchschnittlich 6 kg pro Person und Jahr aus. Rund 29 weitere Kilo nehmen wir – unsichtbar versteckt – über Getränke, Süßigkeiten, Eis, Konfitüren, Obstkonserven, Backwaren, Fertigprodukte, Milcherzeugnisse etc. auf. Alles zusammengerechnet, isst jede/r Bundesbürger/in im Jahr durchschnittlich gut über einen halben Zentner Zucker mit etwa 142.500 kcal (!), umgerechnet pro Tag machen das 95 g Zucker (= etwa 32 Zuckerwürfel) mit 390 kcal. Bekommen Sie Lust aufs Rechnen, wie Sie und Ihre Kinder im, über bzw. unter diesem Durchschnitt liegen?

Wer auf verpackten Waren Zucker in der Zutatenliste aufgeführt findet, könnte sich darauf seinen eigenen Reim machen: Wenn Zucker oben aufgeführt ist, ist viel drin, wenig, wenn er unten aufgeführt ist. Nun versuchen die Hersteller, uns „auf den Leim zu führen", indem sie andere Zuckerarten als Haushaltszucker bzw. Saccharose oder süße Zutaten nur oder auch zusätzlich verwenden und in eigener Bezeichnung aufführen (dürfen). Der „Gesamtzucker"-Gehalt kann dadurch regelrecht nach oben schnellen.

Mittlerweile werden diese „Zuckergeschwister" – mit ähnlichem Kaloriengehalt und gesundheitlichen Auswirkungen – industriell, häufig aus Stärke produziert und sind zum Teil billiger als Zucker.

Es kann ruhig wiederholt werden: Alle auf einer Zutatenliste aufgeführten Zuckersorten müssen zusammengesehen und -gerechnet werden, um den Gesamtzuckeranteil zu ahnen.

Zucker ist auch:

- **Traubenzucker oder Dextrose**
- **Traubenzucker oder Fructose**
- **Glukose**
- **Glukosesirup**
- **Maltodextrin**
- **Malzzucker**
- **Milchzucker oder Lactose**

Wo sich Zucker versteckt

Produkt	Gramm/ Liter	Zuckerwürfel
1 Duplo	18 g	2
1 Tüte Gummibärchen	250 g	63
5 Gummibärchen	10 g	1
1 Esslöffel Ketchup	20 g	2
1 Kinderjogurt	125 g	7
1 Kinderquark	125 g	5
1 Riegel Kinderschokolade	12 g	2
1 Kinderschoko-Bonbon	6 g	1
1 Stück Marmorkuchen	80 g	6
1 Mars	58 g	13
2 Teelöffel Nuss-Nougat-Creme	20 g	4
1 Praline	12 g	2
1 Schokoladenkuss	20 g	5
1 Snickers	60 g	11
1 Portion Smacks	30 g	5
1 Vanille-Milch-Shake	0,25 l	11
1 Glas Limonade	0,2 l	8
1 Glas Cola	0,2 l	7

1 Zuckerwürfel = 3 g

Alternativen zu Süßigkeiten und Zucker

Süßigkeitenersatz ......

Gute Alternativen zu Süßigkeiten sind, wie schon gesagt, frisches Obst, Trockenfrüchte, Nüsse, Studentenfutter oder zwischendurch auch mal etwas Ausgefalleneres wie Ananas, Melonen oder Feigen.

Kalorienfreie Alternativen sind – besonders als Geschenk, Mitbringsel, Osterei, für die Schultüte oder den Nikolausteller geeignet – Luftballons, kleine Autos, Haarspangen oder -schleifen, Buntstifte, kleine Sammelobjekte wie Sticker, Briefmarken, Döschen, kleine Bücher.

Und die kostbarste Alternative: Zeit statt Süßes zu schenken – für gemeinsame Unternehmungen, z. B. für einen Besuch im Zoo, Schwimmen gehen, Schwebebahn fahren, für eine Hafenrundfahrt, eine Radtour, Vorlesen, Geschichten erzählen.

?

Ist Traubenzucker für Kinder besonders gesund?

Nein, Traubenzucker bietet für Kinder keine besonderen Vorteile. Seine Eigenschaft, dass er schnelle Energie liefert, weil er schnell ins Blut gelangt, kann bei sportlichen Höchstleistungen von Nutzen sein. Für Schule und Spielen ist Traubenzucker keine sinnvolle Unterstützung, sondern gleichfalls wie anderer Zucker auch ein Lieferant nur „leerer“ Kalorien.

...... Zuckerersatz

Als Ersatz zum Zucker werden „natürliche Süßungsmittel“, Zuckeraustauschstoffe und Süßstoffe gehandelt:

Brauner Zucker, Ahornsirup, Zuckerrübensirup, Agaven-, Apfel- und Birnendicksaft hören sich zwar alternativ und vollwertig an und sind teilweise genauso oder auch weniger stark verarbeitet als normaler Haushaltszucker, haben aber die gleichen negativen Auswirkungen.

Honig hat den Vorteil, naturbelassen zu sein. Für die Zähne ist Honig aber ebenso schädlich wie Zucker, da er durch seine Klebrigkeit besonders gut haftet. Nach den Prinzipien der Vollwert-Ernährung soll Honig möglichst nicht erhitzt sein.

Zuckeraustauschstoffe, z. B. *Sorbit, Lactit, Mannit, Isomalt, Xylit* und *Maltit* sind nicht kalorienfrei und bewirken alle ab einer bestimmten Verzehrmenge Durchfall, wobei Kinder wesentlich empfindlicher als Erwachsene reagieren. *Sorbit* und *Mannit* sind schwach kariogen, während *Lactit, Maltit* und *Isomalt* als zahnfreundlich gepriesen werden. *Xylit* ist absolut zahnfreundlich. Wenn Sie ein Produkt mit der Kennzeichnung „ohne Zucker" reizt, z. B. bei Kaugummis, Bonbons und anderen Süßwaren, dann finden Sie häufig in der Zutatenliste einen Zuckeraustauschstoff aufgeführt – oder einen Süßstoff.

Als **Süßstoffe** sind zugelassen: *Cyclamat, Saccharin, Aspartam, Acesulfam-K, Thaumatin* und *Neohesperidin.* Sie liefern wenig bis keine Kalorien und sind fast immer synthetisch hergestellt. Häufig sind Mischungen verschiedener Süßstoffe in Lebensmitteln zu finden. Die Weltgesundheitsorganisation hat für Süßstoffe sogenannte ADI-Werte festgelegt. Diese geben Mengen an, die täglich ohne Risiko aufgenommen werden können.

Lebensmittel, die mit Süßstoffen und/oder Zuckeraustauschstoffen gesüßt sind, gehören nicht zu den empfehlenswerten Lebensmitteln in der Ernährung von Kindern. Sie sind keine wirkliche Alternative zu Zucker und sollten, wenn überhaupt nur in Ausnahmefällen verwendet werden. Auch wenn sie teilweise energiefrei bzw. nicht oder weniger kariesfördernd sind, wird die Vorliebe für die Geschmacksrichtung süß dadurch nicht geringer.

Sind Müsliriegel eine gesunde Alternative zu Schokoriegeln?

Nein, weil auch ein Müsliriegel eine Süßigkeit ist. Ein Müsliriegel enthält ca. 30 % Zucker, gleich, ob Trauben-, Frucht-, Malz- oder Haushaltszucker, ob Honig oder Sirup. Und der Ballaststoffgehalt aus den Getreideflocken, Nüssen und dem Trockenobst ist auch nicht so hoch, wie uns die Werbung einflüstert. Müsliriegel mögen das „süße" Gewissen beruhigen, Gift für die Zähne sind sie allemal. Unsere Devise: Regelmäßig ein „anständiges" Müsli und ab und zu richtige Schokolade.

Wieviel Süßes ist erlaubt?

Es sei gleich vorneweg gesagt: Ein grundsätzliches Verbot löst das Problem nicht. Zum einen haben verbotene Sachen bekanntlich immer einen besonderen Reiz, zum anderen lässt sich ein Verbot auch gar nicht durchhalten: Spätestens mit den Kontakten außer Haus, zu Nachbarn, Freunden, Freundinnen, Verwandten, nutzen Kinder die Gelegenheit, „Süßes" zu ergattern, und stopfen das dann u. U. regelrecht in sich hinein. Außerdem können Süßigkeiten mit dem Taschengeld heimlich gekauft werden.

Erfolgversprechender ist es, bewusst mit Süßem umzugehen und das Angenehme mit dem Nützlichen zu verbinden: Frisches Obst, Nüsse, Studentenfutter, Trockenfrüchte befriedigen das „Süßbedürfnis" und kühlen einen Heißhunger auf Süßes beträchtlich ab.

Kleine Mengen Zucker sind kein Problem, wenn man sich ansonsten ausgewogen ernährt. Als Orientierung für einen maßvollen Umgang mit Süßigkeiten können Sie etwa 10 % der täglichen Energie in Form von Zucker und Süßigkeiten als Richtwert zugrunde legen. Das sind etwa 150 bis 200 kcal pro Tag. Die stecken jeweils in 9 Bonbons, 30 g Schokolade, 50 g Lakritze, 40 g Butterkekse, 30 g Nuss-Nougat-Creme oder zwei Gläsern Cola bzw. Limonade. Bevor Sie sich jetzt freuen, sollten Sie bedenken, dass für den Rest des Tages Süßes dann passé ist.

Umgang mit Süßigkeiten

Es lässt sich nicht vermeiden, dass Kinder mit Süßem in Berührung kommen: Sei es, dass Erwachsene Kindern mit süßen Geschenken eine Freude bzw. sie sich auf einfache Weise zum Freunde machen wollen, sei es, dass Werbung und Angebot ständig für umsatzfördernde, süße Verführungen sorgen. Ein Kind darunter „leiden" zu lassen, wäre ungerecht. Außerdem bringt ein vorgeschriebener „Entzug" in der Regel nichts, sondern verführt eher zur heimlichen Bedürfnisbefriedigung. Wirksamer und hilfreicher ist es, eine zwanglose, freiwillige Beschränkung einzuüben, indem Sie mit Ihrem Kind den Umgang mit Süßigkeiten offen und partnerschaftlich regeln.

Dazu einige Anregungen:

- Ein Stück wird gleich probiert, der Rest wandert in eine spezielle „süße Dose".
- Versuchen Sie, die süßen Anwandlungen Ihres Kindes im Auge zu behalten, indem Sie z. B. mit Ihrem Kind verabreden, nur gemeinsam an diese „süße Dose" zu gehen.
- Sie legen gemeinsam mit Ihrem Kind die Ration für eine Woche fest und überlassen es Ihrem Kind, ob und wie es sich diesen Vorrat aufteilt.
- Nur einmal täglich Süßes essen und danach die Zähne putzen.
- Süßes nicht unmittelbar vor dem Essen naschen.
- Seien Sie ein Vorbild, kaufen Sie keine oder nur wenige Süßigkeiten.

Am wirksamsten werden solche Vereinbarungen, wenn die ganze Familie an einem Strang zieht. Scheuen Sie gegebenenfalls auch nicht ein Gespräch mit den Großeltern, Verwandten und Nachbarn, die es natürlich gut meinen und den Kindern eine Freude machen wollen.

Was kann ich gegen ständiges Naschen machen?

Gehen Sie den Ursachen fürs Naschen auf den Grund:

- Überprüfen Sie zuerst Ihr eigenes Naschverhalten, um auszuschließen, dass Ihr Kind nur das nachmacht, was Sie ihm vormachen.
- Vielleicht sind die Zeitabstände zwischen den „großen" Mahlzeiten zu lang. Kleine herzhafte Imbisse beugen gut vor.
- Wie sieht's mit möglicher Langeweile aus? Wenn sie ein Grund sein könnte, hilft es schon sofort, wenn Sie mit Ihrem Kind überlegen, was man außer Süßes zu naschen noch (gemeinsam) tun könnte.
- Überlegen Sie, ob in Ihrer Familie Süßes als Trostpflaster bei Schwierigkeiten oder als Belohnung für besondere Leistungen (z. B. in der Schule) „missbraucht" wird. Wenn Sie Lob und Tadel mit Süßigkeiten erteilen, konditionieren Sie Ihr Kind mit dieser „süßen" Art von Problemlösung für sein späteres Leben („Kummerspeck").

Macht die „Extraportion" Milch in Süßigkeiten diese wirklich zu einer gesunden Milchmahlzeit?

Milchschnitten, Milchsnacks, Bonbons und Kekse werden vielfach mit dem Slogan „eine Extraportion Milch" angepriesen. Diese Produkte enthalten aber in erster Linie viel Fett und viel Zucker. Der Milchanteil ist verschwindend gering. Selbst bei einer Auslobung von z. B. 30 % Milch enthält ein Snack dieser Sorte umgerechnet nicht einmal 1 Esslöffel Milch. Eiweiß und Calcium werden vielfach zugesetzt. Die Calciummenge entspricht knapp einem viertel Glas Milch (50 ml). Ein 10-jähriges Schulkind müsste z. B. 17 solcher Schnitten essen, um den Calciumbedarf zu decken. Gleichzeitig würde es etwa 33 Zuckerwürfel und ein halbes Paket Butter aufnehmen. Süßigkeiten mit einer „Extraportion" Milch sind keine empfehlenswerten Milchmahlzeiten, sondern sollten wie alle Süßigkeiten nur gelegentlich und in geringen Mengen gegessen werden.

Brauchen Kinder eine Extrawurst?

Kinderlebensmittel auf Erfolgskurs

Brauchen Kinder spezielle Lebensmittel? Wenn man der Werbung glaubt und das Angebot des Lebensmittelhandels registriert, könnte man meinen, ja. Im folgenden wollen wir diesen wachsenden Markt etwas näher beleuchten und aufzeigen, was an Kinderlebensmitteln dran und drin ist. Das Angebot erstreckt sich gegenwärtig hauptsächlich auf Milchprodukte, Frühstücksgetreidekost, Süßigkeiten, Fertiggerichte und Desserts.

Kinderlebensmittel fallen auf – Kindern und Eltern. Die Kids fliegen auf die Verpackung mit witzigen Comic-Figuren, wie Mickey-Mouse, Donald Duck oder Harry Potter, auf Sticker, Spiele, Sammelfiguren und anderes buntes Drumherum. Die Eltern springen auf die speziellen Begründungen an, ihren Kleinen etwas besonders Gutes damit zu tun, wenn diese eine Limo mit „Vitamin C“, eine Milchschnitte oder einen Müsliriegel „mit Honig“ oder einen Jogurt „mit Calcium angereichert“ bekommen.

Inhaltlich fallen Kinderlebensmittel häufig dadurch auf, dass sie viel Zucker enthalten, dies gilt besonders für Milchprodukte. Ein Becher Kinderjogurt enthält z. B. 5 Stücke Würfelzucker! Viele der sogenannten Kinderlebensmittel sind Fertiggerichte, sind infolgedessen stark verarbeitete Produkte und werden häufig unter Zugabe von Zusatzstoffen (Aromastoffe, Farbstoffe) hergestellt. Oftmals haben sie mit den eigentlichen Lebensmitteln (z. B. Getreide) nur noch wenig gemeinsam.

Weitere Charakteristika von Kinderlebensmitteln sind der in der Regel höhere Preis als für die „normalen Varianten“ und die aufwendige Verpackung, z. B. als „kindgerechte Einzelportion“, die angesichts der Abfall- und Müllproblematik zu weiterer Ex- und Hopp-Mentalität verführt.

Unter diesem Blickwinkel stellen sich Kinderlebensmittel als ein vielversprechender Versuch der Lebensmittelindustrie dar, in einem stagnierenden Absatzmarkt neue Marktbereiche zu erschließen und neue Marktanteile zu sichern, mit „Kinderfängern“ neue Kunden zu gewinnen und sie an Marken zu binden. Satte Gewinne liegen den Marketingstrategen näher als eine gesunde Sättigung der Kinder.

Hier sind Eltern im doppelten Sinne gefordert, „kühlen Kopf“ zu bewahren, denn vor allem Kinder unter zehn Jahren können aus entwicklungspsychologischen Gründen nicht erkennen, daß der ganze Werbezauber nur veranstaltet wird, um das Habenwollen anzuregen und die Eltern zum Kauf zu veranlassen.

Die folgenden Steckbriefe der wichtigsten Gruppen von Kinderlebensmitteln vermitteln einen Eindruck, was an diesen dran und drin ist, was sie hermachen und was sie tatsächlich hergeben.

Frühstückscerealien

Produktbeschreibung:
Getreidekost, produziert auf der Basis von Mais, Hafer, Weizen, Reis mittels aufwendiger Extruderverfahren*. Hinzugefügt werden etliche Zusätze wie z. B. Zucker, Traubenzucker, Honig, Schokolade, Malz, Aroma- und Farbstoffe sowie Vitamine und Mineralstoffe.

Werbeaussagen, z. B.:
- „jetzt angereichert mit Calcium“
- „mit vielen Vitaminen und Eisen“
- „mit wertvollem Bienenhonig“
- „aus gesundem Reis“
- „dazu frische Milch – ein gesundes Frühstück“

Werbeelemente, z. B.:
- Beigaben wie Sticker oder Kleinspielzeug
- Spiele und Informationen auf Verpackungen (teilweise zum Sammeln)
- Verwendung von aktuellen Comic-Figuren (z. B. Harry Potter)

Wirklichkeit:
- Oft hohe Zuckergehalte bis zu 50 % (Portion von 30 g enthält 15 g Zucker = 5 Stücke Würfelzucker)
- Mehr eine Süßigkeit als ein empfehlenswertes Frühstück
- Verleihung eines gesunden Images durch Anreicherungen mit Vitaminen und Mineralstoffen
- Oft geringe Ballaststoffmengen, da nur selten Vollkorngetreide verwendet wird
- Keine natürlichen Lebensmittel im Sinne der Vollwert-Ernährung
- Hoher Energie- und Verpackungsaufwand bei Produktion

Unsere Empfehlung:
- Müsli aus Getreideflocken, Milch und Obst selbst zubereiten
- Alternative: Fertig-Müslimischung ohne Zuckerzusatz
- Cornflakes & Co. als „Ausnahmefrühstück“ ansehen

*** Extruder, zu deutsch: Herausquetscher. Teig wird durch Düsen gequetscht und kommt in den verschiedensten Formen heraus, z. B. Ringe und Figuren.**

Milchprodukte: Milchmischgetränke, Kinderquark, -jogurt, -desserts

Produktbeschreibung:
Je nach Produktgruppe hergestellt aus Milch, Sahne, Milchpulver, Jogurt und Frischkäse unter Zusatz von Zucker, Traubenzucker, Kakao, Verdickungsmittel sowie Fruchtzubereitungen, Aromen, Vitaminen und Mineralstoffen

Werbeaussagen, z. B.:
- „trinkfertig – mit Vitaminen und Traubenzucker“
- „mit den wertvollen Bausteinen der Milch“
- „mit Calcium + Eisen und Jod + 10 Vitaminen“
- „der richtige Powerdrink für einen langen Kindertag“
- „leistet einen wertvollen Beitrag zur gesunden Ernährung“

Werbeelemente, z. B.:
- bunte, kindgerechte Verpackungen
- Aufdruck von Comic-Figuren
- Beigabe von Kleinspielzeug, Aufklebern, Stickern

Wirklichkeit:
- Hoher Zuckergehalt, z. B. in 125 g Kinderjogurt bis zu 7 Würfel Zucker (= 21 g Zucker)
- Keine gesundheitlichen Vorteile durch Traubenzucker, der liefert genauso viel Energie
- Anreicherung mit Calcium überflüssig, da Milch und Milchprodukte von Natur aus die wichtigsten Lebensmittel für die Calciumversorgung sind
- Zugabe von Vitaminen überflüssig
- Geringer Fruchtgehalt
- Hohe Fettgehalte möglich (z. B. in 100 g Fertigdessert ca. 13 g Fett)

Unsere Empfehlung:
- Fruchtjogurt, Fruchtquark und Milchmischgetränke selbst herstellen aus Milchprodukten ohne Zusätze und frischem Obst. Alternativ können auch tiefgekühlte Früchte verwendet werden. Wenn erforderlich, mit wenig Zucker oder Honig süßen.

Süße Schnitten, Milchsnacks

Produktbeschreibung:
„Sandwiches“ mit einer Creme zwischen zwei Schichten aus Gebäck. Je nach Produkt können folgende Zutaten vorkommen: Weizenmehl, Milch, Milchpulver, Jogurt, pflanzliche Öle, Zucker, Honig, Schokolade, Kakao, Haselnüsse.

Werbeaussagen, z. B.:
- „mit dem Besten aus Milch und Honig“
- „für die Zwischenmahlzeit empfohlen“
- „zeitgemäßes Lebensmittel mit viel frischer Vollmilch“

Werbeelemente, z. B.:
- Abbildung von Milchkannen und Gläsern auf der Verpackung
- Sportler- und Fitnesstipps
- Sticker und Bilder zum Sammeln

Wirklichkeit:
- Eher Süßigkeit als empfehlenswerte Zwischen- oder Pausenmahlzeit
- Relativ hoher Fettgehalt
- Relativ hoher Zuckergehalt
- Geringer Milchanteil
- Ungünstige Nährstoffdichte* bezogen auf Calcium und Energiegehalt

Pro Schnitte sind enthalten:
10 g Fett, *entspr. 1/6 der Tagesfettmenge für 7- bis 10-jährige Kinder,*
10 g Zucker, *entspr. 3 Stücke Würfelzucker sowie*
Milchbestandteile *in der Menge von einem Esslöffel*

Vergleich Milchsnack – Milch:
1 Milchsnack *liefert 54 mg Calcium und 105 kcal,*
45 ml Milch *liefern 54 mg Calcium und 30 kcal.*

Unsere Empfehlung:
- Empfehlenswerte Pausen- oder Zwischenmahlzeiten sind belegte Brote oder Brötchen mit hohem Vollkornanteil, ergänzt mit Obst oder Gemüse sowie Milch und Milchprodukte.
- Milchsnacks gehören zu den Süßigkeiten und sollten nur in kleinen Mengen gegessen werden.

*** Nährstoffdichte: Verhältnis lebensnotwendiger Nährstoffe zum Energiegehalt. Wünschenswert ist ein hoher Gehalt an lebensnotwendigen Nährstoffen und gleichzeitig ein niedriger Energiegehalt.**

Kinderschokolade und ähnliche Produkte

Produktbeschreibung:
Mit Milchcreme gefüllte Vollmilchschokolade, die meistens als Riegel oder Bonbon angeboten wird.

Werbeaussagen, z. B.:
- „viel Milch, wenig Kakao“
- „extra Portion Milch“
- „mit dem wertvollen Milch-Calcium“

Werbeelemente, z. B.:
- Comic-Figuren und Bastelanleitungen auf den Verpackungen
- Plastikfiguren als Beigaben zum Zusammenbauen
- Abbildung wie Milchglas, -krug und -kanne

Wirklichkeit:
- Hoher Fett- und Zuckergehalt
- Kinderschokolade liefert im Vergleich zu einem Viertel Liter Milch die vierfache Menge an Kohlenhydraten (vor allem Zucker) und mehr als die dreifache Menge an Fett und Energie.

Vergleich Calcium aus Kinderschokolade und Milch:
1 l Milch: *300 mg Calcium, 8,8 g Fett, 160 kcal*
100 g Kinderschokolade: *300 mg Calcium, 31,2 g Fett, 550 kcal*

Unsere Empfehlung:
- Zur Deckung des Calciumbedarfs sind Milch und Milchprodukte empfehlenswert
- Kinderschokolade kann, wie andere Süßigkeiten auch, hin und wieder in Maßen genossen werden.

Das Fazit aus dem Ganzen heißt: **Kinder brauchen keine Extrawurst.** Nicht die Art der Lebensmittel unterscheidet Kinder- von der Erwachsenenernährung, sondern die Menge. Eine vielseitige, ganz „normale“ Kost sichert die Versorgung mit allen notwendigen Nährstoffen.

Mit unserer Darstellung haben wir Ihnen möglicherweise den Spaß an „Schönem, Schickem, Reizvollem“ getrübt; andererseits hört für uns der Spaß dann auf, wenn Sie und Ihre Kinder quasi „über den Tisch gezogen werden“. Wenn Sie sich etwas „vormachen“ lassen wollen, können wir

?

Sind Vitamin-Tabletten in der Kinderernährung erforderlich?

Im Einzelfall nur dann, wenn ein konkreter Vitaminmangel vorliegt. Und in einem solchen Fall sollte dieser Mangel eher gezielt und mit ärztlicher Begleitung als eigenmächtig angegangen werden. Auch wenn Ihr Kind wenig oder einseitig isst und Sie deshalb einem drohenden Mangel vorbeugen wollen, sollten Sie sich vorher ärztlichen Rat einholen. Vollkornprodukte, frisches Obst und Gemüse sowie Milch und Milchprodukte sind die besseren (und preiswerteren) Vitamin-„Tabletten".

Sie nicht davon abhalten – wenn aber nicht, dann empfehlen wir Ihnen, einfach beim nächsten Einkauf selbst mal hinter die Kulisse zu schauen, sprich: sich die Zutatenliste einmal kritisch anzusehen oder den Vergleich hinsichtlich Qualität und Preis mit dem „normalen" Angebot zu ziehen. Häufig können Sie wirksam und preiswert durch eigenmächtiges „Anreichern und Verschönern" den Spaß Ihres Kindes am Essen und Trinken vergrößern. Und außerdem wissen Sie, was an Ihren selbstproduzierten „Kinderlebensmitteln und -mahlzeiten" dran und drin ist. Nicht zuletzt bieten unsere Rezepte etliche Anregungen.

Unsere Position
Kinderlebensmittel…
sind Kinderfänger
sind eine Erfindung der Industrie
werden benutzt, um Eltern zu beeinflussen
bieten keine Vorteile
enthalten häufig viel Zucker und Fett
sind häufig stark verarbeitet
sind häufig aufwendig verpackt
sind in der Regel teurer

Praktische Tips für die Küche

„Wie gehe ich's an?" Eine Frage, die sich stellt, wenn Sie an der Ernährung etwas verändern und verbessern wollen. Wir können uns gut vorstellen, dass wir Ihnen in den Vorkapiteln nicht nur Neues gesagt haben und Sie selbst wissen, was gut und richtig für Ihre Familie ist und was gesunde Ernährung heißt. Und wir wissen, dass manche berufstätige Mutter das schlechte Gewissen plagt, ihren eigenen Ansprüchen und denen ihrer Lieben nicht gerecht zu werden. Deshalb möchten wir an dieser Stelle noch einmal betonen, dass einschneidende Änderungen nicht sein müssen. Erfahrungsgemäß ist der Erfolg am wirksamsten, wenn Verbesserungen in kleinen Schritten nach und nach vorgenommen werden. Anfangen kann man z. B. an einem Wochenende.

Denn Kinder – und nicht nur sie allein – lieben ihre Gewohnheiten und wollen nicht von heute auf morgen auf alles Bisherige verzichten. Schon kleine unauffällige Veränderungen oder Austauschmanöver können Gerichte gut „aufwerten".

Beziehen Sie Ihr Kind mit ein, je nachdem, wie Sie es am besten erreichen: Durch Fragen, was es wieder mal gern essen möchte, durch regelmäßiges Kochen von Lieblingsgerichten – oder durch Überraschungen. Unter'm Strich sollte die Ernährung abwechslungsreich und vielseitig sein.

Für die einzelnen Mahlzeiten finden Sie im Rezeptteil zahlreiche Vorschläge, die von Kindern und Erwachsenen getestet und für gut befunden sind. Zuvor möchten wir Ihnen mit Tipps und Hinweisen für Einkauf und Zubereitung das Ausprobieren noch weiter erleichtern.

Wo und wie oft einkaufen?

Die meisten Lebensmittel, die Sie für unsere Rezepte benötigen, sind in Supermärkten und Verbrauchermärkten erhältlich. Sollten Sie einzelne Lebensmittel dort nicht finden, z. B. Getreide, in Bioläden und Reformhäusern erhalten Sie die gewünschten Produkte. Dort bekommen Sie auch frisch gemahlenes Getreide, wenn Sie keine Möglichkeit haben, selbst welches zu mahlen. Frisch gemahlenes oder geschrotetes Getreide hält sich nur bis zu vierzehn Tagen, danach ist mit Vitaminverlusten und Ranzigwerden zu rechnen. Im Supermarkt erhältliches Vollkornmehl oder -schrot ist etwa ein Jahr haltbar, weil der Keimling eine Hitzebehandlung erfahren hat. Zum Backen von Brötchen, Brot und Kuchen ist das nicht weiter tragisch, weil bei den Backtemperaturen von 180 - 200 °C ohnehin Nährstoffe verloren gehen. Für einen Frischkornbrei bleibt frisch gemahlenes Getreide optimal.

Für das Mahlen kleiner Mengen eignet sich auch eine alte Kaffee-Handmühle. Wenn Sie eine Getreidemühle haben, können Sie, je nach Größe Ihres Haushalts, ganzes Korn in größeren Mengen von 5 - 10 kg einkaufen. Bei dunkler, trockener Lagerung, nicht über 20 °C, hält es sich ein Jahr.

Obst und Gemüse sollten saisongerecht eingekauft werden (**siehe Seite 152 f.**) und wegen höherer Nitratgehalte nicht aus Treibhäusern stammen.

Wer hinsichtlich der Produktqualität noch weitergehen will sowie die ökologische und soziale Ausrichtung der Erzeugung für sich miteinbezieht, der kann immer mehr und immer öfter – je nach Zugänglichkeit – auf Produkte aus dem kontrolliert ökologischen Landbau zugreifen: In Bioläden oder auf Wochenmärkten – oder direkt beim Bio-Bauern. Eine Übersicht der entsprechenden Warenzeichen finden Sie im Anhang. (**Seite 156**)

Unser Einkaufsplan soll helfen, den Einkauf für die vollwertige Ernährung systematisch zu handhaben: Von den haltbaren Lebensmitteln wird ein Vorrat angelegt, frische Dinge müssen halt zwei- bis dreimal pro Woche eingekauft werden.

Kinder können beim Einkauf sehr gut mithelfen. Lassen Sie die Kinder den Einkaufszettel schreiben, im Supermarkt bestimmte Dinge herbeiholen und in den Einkaufswagen oder -korb legen oder an der Kasse die Lebensmittel auf das Band packen.

Vorrats- und Einkaufsplan

Für das Zubereiten unserer Rezepte sollten folgende Zutaten im Haus sein:

Grundvorrat an Lebensmitteln, der im Hause sein sollte
Getreide als ganzes Korn, Naturreis, Vollkornteigwaren,
Vollkornhaferflocken, Getreideflocken,
Konfitüre, Honig,
Kartoffeln

Jedes halbe Jahr einkaufen
Jodsalz, Gewürze (Pfeffer, Curry, Rosmarin, Paprika, Zimt,
Oregano, Salbei, Majoran, Kümmel, Thymian, Cayenne-Pfeffer,
Chilli-Pulver, Muskatnuß),
Sesam, Sonnenblumenkerne, Leinsamen,
Kürbiskerne, Nüsse, Rosinen,
Tabasco, Gemüsebrühwürfel, Senf, Essig, Tomatenmark,
Zucker, Vanillemark, Backpulver

---

1 x im Monat
Vollkornzwieback, Vollkornknäckebrot, Vollkornmehl,
Getränke (Mineralwasser, Tee, Obstsäfte),
Öl, Zwiebeln, Knoblauch

---

1 x pro Woche
Jogurt, Quark, Butter, Käse, Eier, süße und saure Sahne

Ca. 2 x pro Woche
Milch, Obst, Gemüse, frische Kräuter,
Brot, Fleisch, Aufschnitt

Am Tag der Zubereitung
Fisch, Hackfleisch

Zubereitung

Lebensmittel sollen so naturbelassen wie möglich sein, d. h., so wenig wie möglich verarbeitet werden. Dann sind sie am wertvollsten, weil lebensnotwendige Nähr- und Inhaltsstoffe eher erhalten bleiben. Dies trifft vor allem auf Obst, Gemüse und Kartoffeln zu. Dazu finden Sie nachfolgend einige spezielle Hinweise. Und sollten Sie mit Vollkorngetreide noch nicht viel Erfahrung haben, finden Sie danach einige Empfehlungen für den Umgang mit Getreide.

Auf die Angabe von Zubereitungszeiten haben wir bewusst verzichtet. Zum einen ist dies individuell sehr unterschiedlich und zum anderen haben wir unsere Rezepte so ausgewählt, daß sie i.d.R. alle recht schnell und einfach zuzubereiten sind. Also keine Sorge und ran.

Verarbeiten von Obst, Gemüse und Kartoffeln

Vitamine reagieren empfindlich bei Licht, Luft und Hitze. Dadurch nimmt bei jedem Verarbeitungsschritt der Vitamingehalt von Obst, Gemüse und Kartoffeln ab. Auch Schälen reduziert oft den Gehalt wichtiger Inhaltsstoffe.

So können Sie unnötige Verluste vermeiden bzw. verringern:

- Obst und Gemüse gründlich und unzerkleinert waschen, nicht wässern und zerkleinert lange herumstehen lassen.
- Bei Obst und Gemüse aus dem ökologischen Landbau reicht gründliches Waschen aus.
- Rohkostsalate erst kurz vor den Mahlzeiten zubereiten.
- Gemüse nicht kochen, sondern kurz in wenig Wasser dämpfen oder dünsten, bei geschlossenem Deckel.
- Gegartes Gemüse nie warm halten (im Notfall schnell abkühlen, im Kühlschrank lagern und aufwärmen).
- Kartoffeln als Pellkartoffeln garen.
- Kohlsorten und Salate von den äußeren Blättern befreien und Stiel und grobe Blattrippen entfernen.

......Umgang mit Getreide

Getreide kann roh oder gegart gegessen werden. Nicht erhitztes Getreide ist deshalb besonders zu empfehlen, weil keine Nährstoffe verloren gehen.

Zwei gute Möglichkeiten, wie **rohes Getreide** verwendet werden kann, wollen wir hier kurz vorstellen:

Für den **Frischkornbrei** wird das Getreide grob geschrotet, im Kühlschrank 4 bis 10 Stunden zur besseren Bekömmlichkeit in Wasser eingeweicht (z. B. über Nacht) und mit Milchprodukten, Obst und vielleicht zusätzlich Nüssen als Müsli gegessen. (**Rezept siehe S.77**)

Besonders vitaminreich sind **gekeimte Körner.** Die Vitamine B_1, B_2, C und Carotin „vermehren" sich durch das Keimen in 12 bis 24 Stunden erheblich. Neben Getreide eignen sich übrigens auch Hülsenfrüchte und Ölsamen zum Keimen. Zusätzlich benötigt man nur noch Wasser und ein Gefäß, eine Schale, einen Teller, ein Glas oder spezielle Keimapparate.

Und so wird's gemacht: Das Getreide wird über Nacht in reichlich Wasser eingeweicht, morgens gründlich abgespült, um Schimmelpilzbildung zu verhindern, und tagsüber ohne Wasser stehengelassen. Am Abend wird wieder gründlich gespült, über Nacht eingeweicht, am Morgen gründlich gespült usw. Nach zwei bis drei Tagen haben sich je nach Getreidesorte kleine Keime gebildet.

Keimlinge sind besonders lecker und eignen sich als Ergänzung zu Salaten, Gemüse oder zum Müsli.

Das **Garen** von Getreide erfolgt so:

Ganzes Korn wird im Prinzip so wie vom Reis her bekannt verarbeitet. Die Körner werden gründlich gespült, mit der dreifachen Menge Wasser über Nacht eingeweicht, um die Garzeit zu verkürzen, und mit dem Einweichwasser gekocht. Sie eignen sich warm als Beilage zu Gemüse oder kalt als Salatzutat.

Die oft als relativ lang empfundenen Garzeiten können beim Garen im Dampfdrucktopf um 50 bis 70 Prozent reduziert werden. Das bei vielen Rezepten empfohlene Einweichen fällt weg. Die empfohlenen Flüssigkeitsmengen dürfen jedoch nicht verringert werden, da sie zum Ausquellen der Körner erforderlich sind.

Gemahlenes oder geschrotetes Korn wird in die zweifache Menge kochendes Wasser gegeben, kurz aufgekocht und bei geringer Energiezufuhr zum Ausquellen gebracht. Dieser Teig wird zu Bratlingen oder für Gemüsefüllungen weiterverarbeitet.

Vollkornmehl kann außerdem, im Austausch gegen Weißmehl der Type 405, zum Backen von Kuchen, Gebäck, Brot und Brötchen verwendet werden. Am Anfang nimmt man am besten entsprechende Rezepte hinzu, da Vollkornmehl wegen des hohen Ballaststoffgehalts mehr Flüssigkeit benötigt.

Wenn Sie Ihre Familie langsam an die Vollkornbäckerei heranführen möchten, können Sie anfangs Vollkornmehl mit Weißmehl mischen und dessen Anteil langsam steigern.

Fett sparen ......

Als Nährstoff und als Träger von Geschmacksstoffen hat Fett durchaus seine Bedeutung, im Hinblick auf dessen hohen Energiegehalt sollte mit Fett bei der Zubereitung bewusst und sparsam umgegangen werden:

- Beim Garen im Backofen, Grill und Römertopf kann ganz aufs Bratfett verzichtet werden.
- Beim Dünsten oder Braten das Fett immer abmessen.
- Mit Sahne, Creme fraîche in Suppen und Saucen sparsam umgehen.
- Salate schmecken auch mit einer Jogurt-Sauce lecker, mindestens können Sahne, Majonäse, Creme fraîche u. ä. mit Jogurt gestreckt werden.

Keine Angst vor möglichen Pleiten und Pannen ......

Unsere Rezepte basieren auf den Grundsätzen der Vollwert-Ernährung. Sie sind erprobt und nicht zuletzt nach dem Grundsatz zusammengestellt, dass sie nicht viel mehr Mühe machen als das Ausprobieren neuer Rezepte überhaupt. Aber manches mag doch mühsamer erscheinen: Die Verarbeitung von frischem Obst und Gemüse und frischen Kräutern, das Anrichten von Rohkost, das Umgehen mit vielleicht ungewohnten Zutaten, wie Getreide und Vollkornmehl. Durch Übung verliert sich der anfänglich höhere Zeit- und Arbeitsaufwand in der Regel.

Das Schlimmste, was Ihnen beim Ausprobieren eines unserer Rezepte passieren kann ist, dass Sie mit diesem Vollwertgericht bei Ihren Lieben nicht ankommen. Ein solcher „Misserfolg“ kann allerdings bei jeder

Veränderung eintreten und spricht nicht grundsätzlich gegen die Vollwert-Ernährung und unsere Rezepte.

Einzelne Zutaten als Tiefkühlkost oder als Konserve zu besorgen, z. B. Spinat, Mais, oder auch mal auf das durchaus schon vorhandene Angebot an Vollwert-Fertiggerichten im Handel zurückzugreifen (z. B. Vollkornknödel, Getreidebratlinge) hilft, Zeit zu sparen und sich die Arbeit zu erleichtern. Mit Hilfe der Zutatenliste auf verpackten und vorgefertigten Produkten können Sie darauf achten, dass möglichst wenig Zusatzstoffe verwendet wurden.

Viele Restaurants bieten inzwischen Vollwertgerichte oder sogar Vollwertmenüs an – auch ein Weg, die Familie „auf den Geschmack" zu bringen.

Kinder und Küche

In vielen Familien bekommen Kinder das Essen fertig auf den Tisch und werden an dessen „Entstehung" nicht beteiligt. Jedes Kind hat irgendwann mal den Drang, mithelfen zu wollen. Das zuzulassen, erfordert Geduld und mehr Zeit – ganz abgesehen von der Sorge, dass das Kind sich schneiden, verbrennen oder sonst wie verletzen könnte. Andererseits lernen Kinder frühzeitig und praktisch Lebensmittel, ihre Verwendung und Zubereitung kennen und mit Messer und Küchengeräten umzugehen. Wenn sie dabei nicht nur „Handlanger" sind, sondern gleichzeitig Verantwortung für einen Teilbereich übernehmen, wird die Mithilfe mit der Zeit eine Entlastung.

Hier einige Vorschläge, Kinder in der Küche einzubeziehen ......

- Einkaufszettel führen
- Allein zum Einkaufen schicken (Bäcker) oder gemeinsam einkaufen (Sachen im Supermarkt holen lassen)
- Zutatenlisten auf Verpackungen „studieren"
- Ausräumen der Einkaufstasche
- Kuchen oder Plätzchen backen (insbesondere Teig zubereiten)
- Zubereiten von Desserts, Obstsalat, Rohkost (rühren, schneiden)
- Keimen und/oder Mahlen von Getreide
- Kräuter ziehen und pflegen
- Im Garten ein eigenes „Gemüsebeet" für die Kinder anlegen, um z. B. Kräuter zu pflanzen
- Belegen von Pizza, Kuchen usw.
- Tisch decken und schmücken
- Spülen und abtrocknen
- Einen Speiseplan erstellen, zum Geburtstag eines Familienmitgliedes, für einen Sonntag, für ein Fest ...

Rezeptteil

Löffelmaße:

Lebensmittel	Gewicht (g)	
	1 Teelöffel	1 Esslöffel
Butter	5	15
Creme fraîche	5	15
Honig	6	20
Kräuter	2	5
Mehl	3	10
Öl	5	10
Quark	9	25
Senf	3	9
Tomatenmark	5	18
Weizenkörner	5	15
Weizenvollkornmehl	3	10
Zucker	5	15

Zeichenerklärung:

Esslöffel (gestrichen)	**EL**	Das Volumen beträgt
Teelöffel (gestrichen)	**TL**	beim Esslöffel 15 ml und
Messerspitze	**MS**	beim Teelöffel 5 ml.

Zu den Rezepten:

Portionen:

Die Rezepte sind, wenn nicht anders angegeben, für 4 Personen berechnet. Je nach Appetit und Alter können die Rezepte, z. B. bei einer Familie mit zwei kleinen Kindern, auch für 5 bis 6 Personen reichen.

Die Energie- und Nährstoffangaben beziehen sich i.d.R. auf eine Portion.

Die Abkürzungen bedeuten:

kcal = Kilokalorien E = Eiweiß F = Fett KH = Kohlenhydrate

KIKO-Bär: Bei Rezepten, die mit dem KIKO-Bär gekennzeichnet sind, können Kinder mindestens mithelfen bzw. je nach Alter und Geschicklichkeit eigenständig arbeiten.

Rezeptverzeichnis

Frühstücksvorschläge:

Brotaufstriche, Dips und Saucen:

Salate:

Suppen:

Puffer, Bratlinge und Pfannkuchen:

Gemüse-Aufläufe:

Gemüse- und Getreide-Gerichte:

Fisch-Gerichte:

Süßspeisen und Desserts:

Kuchen und Gebäck:

Pikante Backwaren:

Lustiges fürs Kinderfest:

Frischkornbrei mit Obst der Jahreszeit

(Rezept für 1 Portion)

kcal:	282	PRO PORTION
E:	8 g	
F:	5 g	
KH:	49 g	

30 g **Weizen (oder Hafer, Gerste)**
½ **Apfel, 80 g**
½ **Banane, 60 g**
50 g **Obst nach Geschmack und Jahreszeit (z. B. Pfirsiche, Erdbeeren, Apfelsinen, Mandarinen)**
100 g **Jogurt, 3,5 % Fett, oder Milch, Dickmilch, Kefir**

Am Vorabend das Getreide schroten (grob mahlen). Mit so viel Wasser verrühren, dass das ganze Getreide benetzt ist. Den Getreidebrei im Kühlschrank abgedeckt fünf bis zehn Stunden quellen lassen. Kurz vor dem Verzehr den Apfel raspeln, die Banane zerdrücken, das Obst klein schneiden und mit dem Jogurt zu dem Getreidebrei geben und alles mischen.

Tipp

Das Getreide für den Frischkornbrei sollte erst möglichst kurz vor dem Einweichen gemahlen werden, um das Aroma und die Vitamine zu erhalten.

Variation

Der Apfel sollte nach Möglichkeit immer dazugegeben werden, die Banane sorgt für die Süße. Das übrige Obst variiert nach Jahreszeit. Zusätzlich eignen sich auch Rosinen, Nüsse, Sonnenblumenkerne, Leinsamen.

Fruchtiges Müsli (mit Grundrezept für eine Müslimischung)

(Rezept für 1 Portion)

30 g	**Müslimischung**
150 g	**Obst nach Jahreszeit (1 bis 2 Stück)**
150 g	**Milch oder Jogurt, 3,5 % Fett**

PRO PORTION

kcal:	**294**
E:	**10 g**
F:	**12 g**
KH:	**37 g**

Die Müslimischung mit dem zerkleinerten Obst und dem Milchprodukt verrühren – fertig ist das Müsli.

Tipp

So kann die Müslimischung auf Vorrat selbst hergestellt werden:

500 g	Getreideflocken (Weizen, Hafer, Gerste, Hirse)
100 g	Sonnenblumenkerne
100 g	Leinsamen
100 g	Sesam
150 g	Rosinen
50 g	Kürbiskerne
	gehackte Nüsse nach Belieben
	Kokosflocken nach Geschmack

Feiner Kräuterquark

PRO PORTION	
kcal:	180
E:	10 g
F:	13 g
KH:	6 g

250 g Quark, mager
250 g Schmand, 24 % Fett
1 Zwiebel, 50 g
je 1 Bund Petersilie und Schnittlauch oder Dill
Pfeffer, Salz

DAZU PASSEN: Vollkornbrot oder Vollkornbrötchen, Gemüsepuffer (s. S. 99), Pellkartoffeln

Quark und Schmand zu einer glatten Masse verrühren. Zwiebel fein würfeln, Kräuter feinhacken und unter den Quark rühren. Mit Pfeffer und Salz pikant abschmecken.

Tipp

Wer auf die Kalorien achtet, kann anstatt Schmand auch Jogurt nehmen.

Nuss-Nougat-Creme

(reicht für 20 Portionen)

PRO PORTION	
kcal:	71
E:	– –
F:	7 g
KH:	1 g

100 g weiche Butter
100 g gemahlene Nüsse, z. B. Haselnüsse oder Mandeln
2 EL Kakaopulver
1 EL Honig
1 MS Vanille

Die Butter schaumig rühren, alle weiteren Zutaten zufügen und vermischen. Abschmecken und eventuell noch etwas Honig zufügen.

Tipp

Dieser Aufstrich hält sich gut zwei Wochen. Direkt aus dem Kühlschrank ist er etwas hart. Daher etwa 30 Minuten vor dem Essen aus dem Kühlschrank holen.

Eier-Creme

(reicht für etwa 20 Portionen)

PRO PORTION	
kcal:	66
E:	4 g
F:	5 g
KH:	1 g

200 g **Frischkäse**
30 g **Gouda, gerieben**
125 g **Schmand**
2 **hart gekochte Eier**
1 Bund **Schnittlauch**
1 TL **Senf**
Jodsalz, Pfeffer

Frischkäse, Gouda und Schmand gut verrühren. Die fein gehackten Eier, den Senf und den gehackten Schnittlauch unterrühren und mit Salz und Pfeffer abschmecken.

Tipp . . . .

Mit einigen Schnittlauchröllchen bestreuen.

Variation . . . .

Wenn Sie es fettärmer haben wollen, nehmen Sie weniger Frischkäse und ersetzen den Schmand durch Magerquark.

Basilikum-Tomaten-Creme

(reicht für 20 Portionen)

PRO PORTION	
kcal:	41
E:	2 g
F:	3 g
KH:	1 g

50 g **getrocknete Tomaten**
200 g **Frischkäse**
100 g **Magerquark oder Jogurt**
½ Bund **Basilikum**
Jodsalz, Pfeffer

Die Tomaten kurz mit kochendem Wasser überbrühen, damit sie weich werden. Basilikum und Tomaten fein hacken, mit den übrigen Zutaten verrühren und mit den Gewürzen abschmecken.

Schnelle Paprika-Creme

(reicht für 20 Portionen)

PRO PORTION	
kcal:	24
E:	1 g
F:	2 g
KH:	1 g

150 g grüne Paprika
150 g rote Paprika
100 g Frischkäse
100 g Magerquark
2 EL Ajvar (Paprika-Auberginen-Paste)
Jodsalz, Pfeffer

Die Paprika in kleine Würfel schneiden. Die übrigen Zutaten verrühren, Paprika hinzugeben und mit den Gewürzen abschmecken.

Tsatsiki

PRO PORTION	
kcal:	110
E:	10 g
F:	4 g
KH:	6 g

250 g Quark, mager
150 g Jogurt, 3,5 % Fett
1 Salatgurke, 500 g
1 EL Olivenöl, 10 g
2 EL gehackte Kräuter (Schnittlauch, Kerbel, Liebstöckel)
1 Knoblauchzehe
Pfeffer, Salz
1 Prise Chillipulver

DAZU PASSEN: Bratlinge (S. 97 f.), Vollkornbrot, Backofenkartoffeln

Quark und Jogurt verrühren. Die Salatgurke schälen und in die Quarkmasse raspeln. Olivenöl, Kräuter, die gepresste Knoblauchzehe untermischen und mit den Gewürzen abschmecken.

Bananendip

1	**reife Banane, 120 g**
2 EL	**Milch**
2 TL	**Curry**
	Salz
1 TL	**Zitronensaft**
150 g	**Doppelrahmfrischkäse oder Creme fraîche**

PRO PORTION

kcal:	163
E:	5 g
F:	12 g
KH:	8 g

Banane mit einer Gabel zerdrücken und mit den übrigen Zutaten zu einer glatten Creme verrühren.

DAZU PASSEN

Vollkornbrot oder Vollkornbrötchen und bunt gemischte Rohkost

Tomatendip

150 g	**Creme fraîche**
100 g	**Dickmilch**
2 EL	**Tomatenmark, 40 g**
1 TL	**mittelscharfer Senf**
2 EL	**Schnittlauchröllchen**
1 MS	**Chillipulver**
	Pfeffer, Salz

PRO PORTION

kcal:	133
E:	2 g
F:	12 g
KH:	3 g

Alle Zutaten zu einer Creme verrühren und mit den Gewürzen pikant abschmecken.

DAZU PASSEN

Vollkornbrot oder Vollkornbrötchen, Rohkostplatte (S. 86)

Italienische Sauce / Rote Sauce

kcal:	60	PRO PORTION
E:	2 g	
F:	4 g	
KH:	3 g	

150 g Jogurt, 3,5 % Fett
100 g saure Sahne, 10 % Fett
1 EL Tomatenmark, 20 g
1 EL Essig
1 – 2 Knoblauchzehen
1 TL Dill oder Schnittlauch
Pfeffer, Cayenne-Pfeffer
evtl. Salz

DAZU PASSEN: **Alle Blattsalate, Tomaten, Gurken, Paprika**

Jogurt und saure Sahne verrühren. Tomatenmark, Essig, gepressten Knoblauch, Dill oder Schnittlauch zugeben und die Sauce mit den Gewürzen pikant abschmecken.

Jogurt-Kräuter-Sauce

kcal:	37	PRO PORTION
E:	3 g	
F:	2 g	
KH:	2 g	

150 g Jogurt, 3,5 % Fett
2 EL Quark, mager, 50 g
1 TL Senf
3 EL frisch gehackte Kräuter (Petersilie, Schnittlauch, Dill, Zitronenmelisse, Kerbel, Liebstöckel)
Pfeffer, Salz

DAZU PASSEN: **Alle Gemüsearten**

Jogurt und Quark zu einer sämigen Sauce verrühren, Senf und Kräuter zugeben und mit den Gewürzen abschmecken.

Sauce mit Leinsamen, Sesam und Sonnenblumenkernen

2 TL **Leinsamen**
2 TL **Sesam**
2 TL **Sonnenblumenkerne**
2 EL **Essig**
3 EL **Öl, 30 g**
1 TL **Honig**
3 EL **Dickmilch, 60 g**
Pfeffer, Salz

PRO PORTION

kcal:	133
E:	3 g
F:	13 g
KH:	3 g

Leinsamen, Sesam, Sonnenblumenkerne trocken in einem Topf bei geschlossenem Deckel anrösten (sonst springen Sesamsamen und Leinsamen heraus) und abkühlen lassen. Aus Essig, Öl, Honig, Dickmilch und den Gewürzen eine Marinade bereiten, die angerösteten Samen zugeben.

DAZU PASSEN

Fein geraspelter Weißkohl, Chinakohl, Kohlrabi und Möhren.

Jogurt-Nuss-Sauce

200 g **Jogurt, 3,5 % Fett**
1 EL **Zitronensaft**
2 – 3 EL **Petersilie oder Dill**
2 – 3 EL **Haselnüsse, gemahlen**

PRO PORTION

kcal:	71
E:	2 g
F:	5 g
KH:	4 g

Jogurt mit Zitronensaft, Kräutern und Nüssen verrühren.

DAZU PASSEN

Möhren, Chicorée, Chinakohl, Eisbergsalat, Endiviensalat, Staudensellerie, Blumenkohl

Erbsensauce

kcal:	170
E:	6 g
F:	10 g
KH:	13 g

PRO PORTION

1 EL	**Öl, 10 g**
½ Bund	**Lauchzwiebeln**
100 ml	**Gemüsebrühe**
100 ml	**Sahne**
	Pfeffer, Salz
300 g	**Erbsen (TK)**

DAZU PASSEN

Vollkornnudeln, vor allem Spaghetti, Bratlinge (S. 97 f.)

Öl erhitzen, Lauchzwiebeln in feine Ringe schneiden und darin andünsten. Gemüsebrühe und Sahne zugießen, etwas einkochen und mit Pfeffer und Salz würzen. Erbsen zugeben und bei schwacher Hitze 10 Minuten garen.

Tipp

Wer die Sauce etwas sämiger möchte, kann sie mit einem TL Weizenvollkornmehl andicken.

Tomatensauce

kcal:	75
E:	2 g
F:	5 g
KH:	6 g

PRO PORTION

600 g	**Tomaten**
20 g	**Butter**
1	**große Zwiebel, 100 g**
1 EL	**Tomatenmark, 20 g**
1	**Knoblauchzehe**
	Oregano, Basilikum, Pfeffer, Salz

Tomaten kurz mit kochendem Wasser überbrühen, enthäuten und würfeln. Butter erhitzen, gewürfelte Zwiebel darin dünsten. Tomatenwürfel und Tomatenmark zugeben, aufkochen lassen und mit Knoblauch und den Gewürzen pikant abschmecken.

Tipp

Diese Sauce kann außer zu Bratlingen oder Nudeln auch für Pizzas, Lasagne und gefüllte Zucchinis verwendet werden.

Pilzragout

200 g	**Zwiebeln**
500 g	**Champignons**
1 EL	**ÖL, 10 g**
2 EL	**Vollkornmehl, 30 g**
100 g	**Sahne**
100 g	**Creme fraîche**
	Jodsalz, Pfeffer
	Schnittlauch

PRO PORTION

kcal:	**217**
E:	**5 g**
F:	**18 g**
KH:	**9 g**

Zwiebeln würfeln, Champignons in Scheiben schneiden. Zwiebeln im Öl anbraten, Champignons zugeben und kurz mitbraten. Mit dem Mehl bestäuben, die Sahne und Creme fraiche zugeben und etwa 10 Minuten bei kleiner Hitze garen. Mit Salz und Pfeffer abschmecken und nach Geschmack mit Schnittlauch bestreuen.

DAZU PASSEN

Polenta, Nudeln, Kartoffelplätzchen oder Kartoffelklöße

Tipp

Wenn Sie die Champignons gebräunt haben möchten, muss die Pfanne heiß sein und die Pilze dürfen erst gewendet werden, wenn sie auf der unteren Seite schon die gewünschte Farbe haben. Wer möchte kann dem Gericht mit Pfifferlingen, Steinpilzen oder ähnlichen Pilzen eine besondere Note geben.

Sommerliche Rohkostplatte

PRO PORTION	
kcal:	53
E:	4 g
F:	1 g
KH:	7 g

- **1 Kopfsalat, 200 g**
- **1 Lollo Rosso, 300 g**
- **½ Gurke, 200 g**
- **1 rote Paprika, 200 g**
- **1 grüne Paprika, 200 g**
- **2 Tomaten, 100 g**

DAZU PASSEN: **Jogurt-Kräuter-Sauce (S. 82), Rote Sauce (S. 82)**

Bei Kopfsalat und Lollo Rosso grobe Blattrippen entfernen, Gurke schälen und in Scheiben schneiden. Paprika in Streifen und Tomaten in Achtel schneiden. Eine Platte mit den Salatblättern belegen, die übrigen zerkleinerten Gemüsesorten in Gruppen darauf anrichten.

Winterliche Rohkostplatte

PRO PORTION	
kcal:	54
E:	4 g
F:	1 g
KH:	7 g

- **1 Endiviensalat, 300 g**
- **4 große Möhren, 500 g**
- **1 Chinakohl, 400 g**

DAZU PASST: **Jogurt-Nuss-Sauce (S. 83)**

Endiviensalat in Streifen schneiden, Möhren grob raspeln, Chinakohl in Streifen schneiden. Alles auf einer Platte nett anrichten.

Tipp

Wer's kräftiger mag, kann einen Teil Möhren durch Sellerie ersetzen.

Bunter Getreide-Salat

100 g	**Weizen (oder Hafer, Gerste, Dinkel)**
200 ml	**Wasser**
½	**Gemüsebrühwürfel**
2 EL	**Öl, 20 g**
2 EL	**Essig**
1 – 2 EL	**Wasser**
2 EL	**gehackte Kräuter**
1	**Zwiebel, 50 g**
	Pfeffer, Salz
ca. 800 g	**Rohkost nach Jahreszeit (z. B. ½ Eisbergsalat, 2 Tomaten, ½ Gurke, ½ Bund Radieschen)**

PRO PORTION	
kcal:	**157**
E:	**5 g**
F:	**6 g**
KH:	**20 g**

Weizenkörner über Nacht einweichen und am nächsten Tag mit dem Gemüsebrühwürfel 20 bis 30 Minuten bei milder Hitze kochen, ausquellen und abkühlen lassen. Aus Öl, Essig, Wasser, Kräutern, Zwiebeln und den Gewürzen eine Marinade bereiten. Rohkost in kleine Stücke oder Scheiben schneiden, mit den Getreidekörnern und der Marinade vermischen.

Variation . . . .

Dieser Getreiderohkostsalat kann auch mit Obst kombiniert werden, z. B. 1/2 Eisbergsalat oder Chinakohl oder Feldsalat und zwei geraspelte Äpfel.

Grünkern-Salat

kcal:	543	PRO PORTION
E:	22 g	
F:	32 g	
KH:	41 g	

200 g Grünkern
320 ml Wasser
1 Gemüsebrühwürfel
½ TL Salz
6 EL Essig, 60 ml
6 EL Öl, 60 g
4 EL frischer Thymian oder 2 EL getrockneter Thymian
1 grüne Paprikaschote, 200 g
1 rote Paprikaschote, 200 g
2 Stangen Lauch, 400 g
2 rote Zwiebeln, 100 g
200 g Bergkäse oder mittelalter Gouda
frisch gemahlener Pfeffer

Den Grünkern 6 bis 10 Stunden einweichen. Dann die Körner etwa 10 Minuten bei schwacher Hitze kochen. Den Gemüsebrühwürfel hinzugeben und den Grünkern auf der ausgeschalteten Kochplatte 10 bis 20 Minuten quellen lassen (beim Gasherd etwas länger kochen und dann nachquellen lassen). Salz, Essig und Öl verrühren und mit dem Thymian unter das lauwarme Getreide geben. Paprikaschoten und Zwiebeln würfeln, Lauch in sehr feine Streifen schneiden. Den Käse grob reiben und zusammen mit dem Gemüse und gemahlenem Pfeffer unter den Grünkern mischen.

Rote-Bete-Salat

3 – 4	**rote Bete, 500 g**
3	**säuerliche Äpfel, 400 g**
1 EL	**Zitronensaft**
150 g	**Jogurt, 3,5 % Fett**
	evtl. Salz
1 El	**Sonnenblumenkerne oder Haselnüsse, grob gehackt**

PRO PORTION

kcal:	**154**
E:	**4 g**
F:	**4 g**
KH:	**25 g**

Rote Bete und Äpfel schälen und raspeln, mit Zitronensaft beträufeln, mit Jogurt vermischen und je nach Geschmack mit Salz würzen. Die Sonnenblumenkerne oder Haselnüsse werden über die Rohkost gestreut.

Eisbergsalat mit Orangenstücken

1	**kleiner Eisbergsalat, 400 g**
2	**Apfelsinen, 300 g**
100 ml	**Sahne**
	Saft von ½ Zitrone
	Pfeffer, Salz
1 EL	**gehackte Sonnenblumenkerne**

PRO PORTION

kcal:	**140**
E:	**3 g**
F:	**10 g**
KH:	**9 g**

Salat zerkleinern, grobe Blattrippen entfernen. Apfelsine in kleine Stücke schneiden. Aus Sahne, Zitronensaft und den Gewürzen eine Marinade bereiten und mit Eisbergsalat und Orangenstücken vermischen.

Variation . . . .

Anstelle von Apfelsinen eignen sich auch Birnen oder Erdbeeren, je nach Geschmack und Jahreszeit.

Möhren-Apfel-Rohkost

		PRO PORTION
kcal:	147	
E:	3 g	
F:	3 g	
KH:	25 g	

Saft von 1 Zitrone
1 EL Honig
4 Möhren, 400 g
4 saure Äpfel, 500 g
250 g Dickmilch
Salz, Pfeffer

Saft einer Zitrone mit Honig verrühren; Möhren schälen, Äpfel gründlich waschen, grob raspeln und unter den Zitronensaft mischen. Die Dickmilch über den Salat gießen und alles mit Salz und Pfeffer abschmecken.

Chicoréesalat

		PRO PORTION
kcal:	135	
E:	3 g	
F:	8 g	
KH:	12 g	

2 Chicoréestauden
1 Apfel, 160 g
1 Banane, 120 g (oder 1 Apfelsine)
150 g Jogurt, 3,5 % Fett
1 EL Öl, 10 g
1 EL Zitronensaft
2 EL Walnüsse, grob gehackt
Pfeffer, Curry, Salz

Chicorée der Länge nach durchschneiden, bitteren Strunk entfernen und die Stauden in Streifen schneiden. Apfel und Banane in kleine Stücke schneiden. Aus Jogurt, Öl, Zitronensaft, Nüssen und den Gewürzen eine Sauce herstellen und mit der Rohkost vermengen.

Bunter Bohnensalat mit Schafskäse

100 g	**getrocknete Bohnen**
	oder
200 g	**gekochte Bohnen**
	(z. B. Kidneybohnen, weiße Bohnen)
500 ml	**Wasser**
	Salz
700-800 g	**Rohkost nach Jahreszeit**
	(z. B. ½ Gurke,
	2 Tomaten, 1 Paprika,
	½ Eisbergsalat)
1	**Zwiebel, 50 g**
100 g	**Schafskäse**
2 EL	**Olivenöl, 20 g**
2 EL	**Essig**
	Paprika, Pfeffer, Salz

PRO PORTION	
kcal:	**187**
E:	**10 g**
F:	**10 g**
KH:	**12 g**

Bohnen waschen und über Nacht im Wasser einweichen. Am nächsten Tag die Bohnen im Einweichwasser 45 bis 60 Minuten kochen und erst am Ende der Kochzeit salzen. Bohnen abgießen und auskühlen lassen.
Inzwischen die Rohkost zerkleinern (Gurken schälen und in Würfel schneiden, Paprika in Streifen, Tomaten achteln) und vom Eisbergsalat die Blattrippen entfernen. Die Zwiebeln in feine Ringe, den Schafskäse in Würfel schneiden. Aus Öl, Essig und den Gewürzen eine Marinade bereiten. Eine Schale mit den Eisbergsalatblättern belegen, die übrige Rohkost mit Zwiebeln, Schafskäse und der Marinade vermengen und auf dem Salat anrichten.

Tipp

Wer's milder mag, kann statt Schafskäse auch einen milderen Käse, z. B. Gouda, nehmen.

Kartoffel-Gemüse-Salat

kcal:	219
E:	8 g
F:	6 g
KH:	31 g

PRO PORTION

750 g	**Kartoffeln**
2	**Zwiebeln, 100 g**
1	**kleine Salatgurke, 300 g**
4	**Tomaten, 400 g**
1	**grüne Paprika, 200 g**
150 g	**saure Sahne, 10 % Fett**
150 g	**Jogurt, 3,5 % Fett**
1 EL	**Essig**
1 TL	**Senf**
2 – 3 EL	**gemischte Kräuter**
	Pfeffer, Paprika, Salz

DAZU PASSEN

Vollkornbrot oder -brötchen, ergibt dann ein komplettes Abendessen.

Kartoffeln als Pellkartoffeln garen, abpellen, in Scheiben schneiden. Zwiebeln fein würfeln, Salatgurke schälen und in feine Scheiben schneiden, Tomaten achteln, Paprika in Würfel schneiden. Aus saurer Sahne, Jogurt, Essig, Kräutern und Gewürzen eine Sauce rühren und mit dem Gemüse und den Kartoffeln mischen.

Variation: Nudel-Gemüse-Salat . . . . .

Auf die gleiche Art läßt sich auch ein Nudel-Gemüse-Salat zubereiten. Die Sauce kann genauso übernommen werden, das Gemüse variiert werden, z. B. zu 200 g Vollkorn-Spiralen- (oder Band-) Nudeln ca. 1/2 Eisbergsalat, 1 grüne Paprika und 200 g Erbsen (TK) geben.

Tomatensuppe

400 g	**Tomaten**
1	**große Zwiebel, 100 g**
1 EL	**Öl, 10 g**
1 EL	**Tomatenmark**
300 ml	**Wasser**
1	**Gemüsebrühwürfel**
½ TL	**gehackte Rosmarinnadeln**
½ TL	**feingehackter Thymian**
1	**Knoblauchzehe**
	Salz, Pfeffer
4 EL	**Schlagsahne, 60 ml**
30 g	**geriebener Parmesankäse**

PRO PORTION	
kcal:	**126**
E:	**4 g**
F:	**10 g**
KH:	**5 g**

Tomaten kurz mit kochendem Wasser abbrühen, enthäuten und würfeln. Zwiebel fein hacken und in Öl glasig dünsten. Tomaten und Tomatenmark zugeben und mitdünsten. Wasser, Gemüsebrühwürfel, Kräuter, gepresste Knoblauchzehe zufügen und 10 Minuten garen. Mit Salz und Pfeffer abschmecken. Vor dem Servieren Schlagsahne unterrühren und mit Parmesankäse bestreuen.

Variation . . . .

Die Suppe schmeckt auch sehr gut mit einer Reiseinlage. Dazu ca. 100 g Naturreis garen und vor dem Servieren zugeben.

Erbsencremesuppe

PRO PORTION	
kcal:	329
E:	18 g
F:	11 g
KH:	38 g

250 g gelbe Erbsen, geschält
1,25 l Wasser
2 Gemüsebrühwürfel
100 g Creme fraîche
Jodsalz, Pfeffer, Muskatnuss
1 EL Öl, 10 g
100 g Weizenvollkornbrot
Schnittlauchröllchen

Erbsen im Wasser ca. 1 Stunde garen und pürieren. Gemüsebrühe, Creme fraîche und Gewürze zufügen und herzhaft abschmecken. Das in Würfel geschnittene Brot im Öl anbraten und zusammen mit den Schnittlauchröllchen zur Suppe servieren.

Tipp

Statt Brotwürfel mit trocken angerösteten Sesam- und Sonnenblumenkernen servieren.

Lauchsuppe

PRO PORTION	
kcal:	148
E:	3 g
F:	11 g
KH:	10 g

1 Stange Lauch, 200 g
1 EL Butter, 15 g
4 EL Gerstenmehl (oder Weizenvollkornmehl), 40 g
750 ml Wasser
1 Gemüsebrühwürfel
Paprika, Pfeffer, Salz
1 Möhre, 100 g
100 g Creme fraîche

Lauch in Ringe schneiden und in Butter andünsten. Gerstenmehl zugeben, verrühren und kurz mitdünsten. Wasser und Gemüsebrühwürfel zugeben und alles unter Rühren zum Kochen bringen und 10 Minuten garen. Mit den Gewürzen abschmecken und vor dem Servieren geraspelte Möhre und Creme fraîche unterrühren.

Minestrone

50 g	getrocknete Bohnen
1,5 l	Wasser
2	Gemüsebrühwürfel
1	große Zwiebel, 100 g
1	Knoblauchzehe
2	Möhren, 200 g
2	Porreestangen, 250 g
2 EL	Öl, 20 g
4	Tomaten, 400 g
200 g	grüne Bohnen
2 EL	Tomatenmark
50-100 g	Vollkornspaghetti
2 EL	frisch gehackte Kräuter
	Paprika, Pfeffer, Salz
50 g	Parmesankäse

PRO PORTION

kcal:	273
E:	14 g
F:	11 g
KH:	29 g

Bohnen waschen und über Nacht in 1/2 l Wasser einweichen; am nächsten Tag einen weiteren 1/2 l Wasser hinzugeben und eine Stunde leicht kochen lassen und am Ender der Kochzeit die Gemüsebrühwürfel zugeben. Zwiebel grob hacken, Knoblauch pressen, Möhren würfeln, Porree in Ringe schneiden und alles in Öl andünsten. Tomaten kurz mit kochendem Wasser überbrühen, enthäuten und klein schneiden, die grünen Bohnen in mundgerechte Stücke schneiden und mit dem restlichen Wasser zum Gemüse geben. Alles zusammen 20 Minuten kochen; dann Tomatenmark und zerkleinerte Spaghetti und gekochte Bohnen zufügen und 10 Minuten leicht weiterkochen. Zum Schluß Kräuter zugeben und die Minestrone mit Parmesankäse bestreuen.

Kartoffelsuppe

kcal:	270
E:	6 g
F:	14 g
KH:	28 g

PRO PORTION

800 g Kartoffeln
1,6 l Wasser
3 Gemüsebrühwürfel
100 g Möhren
200 g Lauch
100 g Sellerieknolle
100 g Zwiebel
2 EL Butter, 30 g
100 ml Sahne
Jodsalz, Pfeffer

Kartoffeln schälen, waschen und würfeln. Das Gemüse ebenfalls putzen und die Zwiebel fein hacken. Zwiebeln, Gemüse und Kartoffeln in der Butter andünsten und mit dem Wasser und der Gemüsebrühe auffüllen. Suppe 15 bis 20 Minuten kochen und pürieren. Mit den Gewürzen und der Sahne abschmecken.

Tipp

Schmeckt gut mit einem Forellenfilet und mit Kresse bestreut.

Grünkernbratlinge

100 g	Grünkernschrot
50 g	Weizenschrot
350 ml	Wasser
½	Gemüsebrühwürfel
1	Zwiebel, 50 g
1 EL	Petersilie
1	Ei
2 TL	Sonnenblumenkerne
	Salz, Pfeffer
	evtl. Knoblauch
	Weizenvollkornmehl zum Wenden
2 EL	Fett zum Braten und Dünsten, 20 g

PRO PORTION

kcal:	220
E:	7 g
F:	9 g
KH:	29 g

Das Wasser zum Kochen bringen, den Gemüsebrühwürfel darin auflösen, Grünkern- und Weizenschrot zugeben und unter Rühren zu einem dicken Brei kochen; von der Herdplatte nehmen und noch 10 Minuten bei geschlossenem Deckel ausquellen lassen. Zwiebel würfeln, mit der gehackten Petersilie, dem Ei und den Sonnenblumenkernen unter den Getreidebrei rühren. Mit Salz, Pfeffer und – je nach Geschmack – einer gepressten Knoblauchzehe würzen. Von dem Getreideteig mit einem Esslöffel kleine Portionen abstechen, zu kleinen Bratlingen oder Frikadellen formen und in Weizenvollkornmehl wenden. Das Rezept ergibt **10 bis 12 Bratlinge,** die dann in heißem Fett von beiden Seiten gebraten werden.

DAZU PASSEN

Gemischter bunter Salat, Kräuterquark oder eine Sauce (S. 78 f.)

Tipp

Grünkernbratlinge in größeren Mengen herstellen und einen Teil einfrieren.

Variation

Das Getreide kann gegen Haferschrot ausgetauscht werden.

Kartoffelplätzchen mit Käse

kcal:	426	PRO PORTION
E:	21 g	
F:	16 g	
KH:	47 g	

800 g Kartoffeln
150 g Weizenvollkornmehl, ganz fein gemahlen
100 g Quark
2 Eier
100 g Gouda, gerieben
3 EL frische Kräuter
2 EL Öl zum Braten, 20 g
Jodsalz, Pfeffer, Muskat

DAZU PASSEN: **Fischfilet im Spinatbett, Tomatensoße**

Kartoffeln als Pellkartoffeln kochen, schälen und durch die Kartoffelpresse drücken. Mehl, Quark, Eier, Salz, Pfeffer und Muskat zugeben und gut mischen. Zuletzt den Käse und die Kräuter unterziehen. Kleine Küchlein formen und im heißen Fett auf beiden Seiten goldbraun backen.

Tipp

Die Kartoffelplätzchen schmecken auch gut mit einem strengeren Käse, z. B. Emmentaler oder mittelaltem Gouda, und lassen sich hervorragend einfrieren.

Gemüsepuffer

150 g	**Weizenvollkornmehl**
50 g	**Maismehl (ersatzweise Haferflocken oder Weizenvollkornmehl)**
250 ml	**Wasser**
1	**Ei**
1	**geriebene Zwiebel, 50 g**
	Salz, Pfeffer, Chillipulver
200 g	**fein zerkleinertes Gemüse (Möhren, Sellerie, Zucchini, Lauch)**
2 EL	**Öl zum Braten, 20 g**

PRO PORTION

kcal:	**237**
E:	**8 g**
F:	**8 g**
KH:	**33 g**

Weizenvollkornmehl und Maismehl mit Wasser und Ei verrühren. Zwiebel und geraspelte Möhren, geraspelten Sellerie und Zucchini, feine Lauchringe unterrühren. Mit Salz, Pfeffer und einer Prise Chillipulver abschmecken. Aus der Masse mit einem Löffel Puffer abstechen und nach und nach im heißen Öl von beiden Seiten knusprig braten. **Ergibt ca. 8 Stücke (= 2 pro Portion).**

DAZU PASSEN

Tomatensauce (S. 84) und Salat

Tipp

Gemüsepuffer in größeren Mengen herstellen und einen Teil einfrieren.

Kartoffel-Gemüsepuffer

kcal:	258	PRO PORTION
E:	8 g	
F:	13 g	
KH:	26 g	

750 g **Kartoffeln**
1 **Stange Porree, 200 g**
2 **kleine Möhren, 150 g**
2 **Zwiebeln, 100 g**
2 **Eier**
1 TL **Majoran oder Thymian**
Salz
4 EL **Öl zum Braten, 40 g**

DAZU PASSEN: Griechischer Bauernsalat, evtl. auf einem großen Puffer dekoriert, Obstkompott

Kartoffeln und Zwiebeln schälen und fein reiben. Gemüse fein zerkleinern und mit den Eiern und Gewürzen unterrühren. Öl in einer Pfanne erhitzen und nach Belieben große oder kleine Puffer goldbraun braten.

Pikante Pfannkuchen

kcal:	399	PRO PORTION
E:	13 g	
F:	18 g	
KH:	45 g	

100 g **Buchweizenmehl**
150 g **Weizenvollkornmehl**
1 **gewürfelte Zwiebel, 50 g**
2 **Eier**
300 ml **Wasser**
200 ml **Milch, 3,5 % Fett**
Salz, Paprika, Pfeffer
8 TL **Öl zum Braten, 40 g**
Parmesankäse zum Bestreuen

Alle Zutaten zu einem dünnflüssigen Pfannkuchenteig verrühren und 15 Minuten ausquellen lassen. Öl in einer mittelgroßen Pfanne erhitzen und die Pfannkuchen darin von beiden Seiten knusprig braun braten.

Variation

In den Teig Champignonscheiben, feine Lauchringe oder frische Kräuter geben.

Maisplätzchen

2	**Eier**
8 EL	**Maismehl oder**
	Weizenvollkornmehl, 80 g
½ TL	**Koriander**
1	**große Zwiebel, 100 g**
1	**Stange Porree, 200 g**
250 g	**Maiskörner (z. B. aus dem Glas)**
2 EL	**gehackte Petersilie**
	Salz, Pfeffer
2 EL	**Öl zum Braten, 20 g**

PRO PORTION

kcal:	217
E:	8 g
F:	9 g
KH:	25 g

Die Eier mit dem Mehl verrühren, Koriander zugeben. Zwiebel in Würfel, Porree in feine Ringe schneiden und alles mit dem Mais zum Teig geben. Mit Salz und Pfeffer würzen und zum Schluß die gehackte Petersilie unterrühren. Öl in einer Pfanne erhitzen, den Teig löffelweise hineingeben, etwas flachdrücken und die Plätzchen von beiden Seiten goldbraun backen. **Ergibt 12 Stücke (= 3 pro Portion)**

DAZU PASSEN

Möhren-Apfel-Rohkost (S. 90) oder ein gemischter Salat

Selbstgemachte Pommes

1,2 kg	**Kartoffeln**
4 MS	**Kräutersalz**
3 EL	**Olivenöl, 30 g**

PRO PORTION

kcal:	277
E:	6 g
F:	8 g
KH:	44 g

Kartoffeln schälen (neue Kartoffeln müssen nur ordentlich gewaschen und gebürstet werden), 1/2 cm dicke Scheiben schneiden und diese in 1/2 cm dicke Streifen. Die Kartoffelstäbe in einer Schüssel mit Kräutersalz und Olivenöl mischen.

Den Backofen auf 200 °C einstellen. Die Pommes auf ein Backblech legen und in den Bachofen (mittlere Höhe) einschieben. Nach 25 Minuten das Backblech herausnehmen und die Pommes mit einem Pfannenwender wenden, noch einmal 25 Minuten von der anderen Seite wenden. Fertig.

Apfelpfannkuchen

PRO PORTION	
kcal:	418
E:	13 g
F:	17 g
KH:	53 g

250 g	**Weizenvollkornmehl**
2	**Eier**
250 ml	**Milch, 3,5 % Fett**
250 ml	**Wasser**
3	**Äpfel, 400 g**
	Saft von ½ Zitrone
½ TL	**Zimt**
4 EL	**Öl zum Braten, 40 g**

Weizenvollkornmehl mit Eiern, Milch und Wasser verrühren und 15 Minuten quellen lassen. Äpfel gründlich waschen und in Spalten schneiden. Mit Zitronensaft beträufeln und mit Zimt bestreuen. Öl in einer mittelgroßen Pfanne, ca. 20 cm Durchmesser, erhitzen und den Teig portionsweise hineingeben. Die Apfelspalten jeweils in den Teig drücken. Bei mäßiger Hitze von der unteren Seite goldbraun backen, so dass auch die Oberfläche schon fest ist, dann wenden und fertig backen. **Ergibt 8 Stücke (= 2 pro Portion).**

Tipp

Etwas Honig oder Zucker auf den fertigen Pfannkuchen geben.

Variation

Neben Äpfeln eignen sich auch Pflaumen und Waldbeeren.

Rosenkohlauflauf

600 g	**Rosenkohl**
600 g	**Kartoffeln**
1 EL	**Butter oder Margarine, 15 g**
1 EL	**Weizenvollkornmehl, 10 g**
200 ml	**Milch, 3,5 % Fett**
	Muskat, Salz
50 g	**geriebener Käse, z.B. Gouda**
	Fett für die Auflaufform

PRO PORTION

kcal:	**241**
E:	**13 g**
F:	**9 g**
KH:	**26 g**

Rosenkohl putzen, waschen und in etwas Wasser bissfest dünsten. Kartoffeln als Pellkartoffeln garen. Weizenvollkornmehl in Butter oder Margarine anschwitzen, Rosenkohlkochwasser (ca. 50 ml) und Milch zugeben und zu einer sämigen Sauce verrühren; kurz aufkochen lassen, mit Muskat und Salz würzen. Auflaufform einfetten, Kartoffeln abpellen, in Scheiben schneiden und in die Auflaufform geben. Rosenkohl daraufschichten, ebenfalls mit Muskat und Salz bestreuen. Darüber die helle Sauce gießen und das Ganze mit geriebenen Käse bestreuen und im Backofen überbacken.

DAZU PASSEN

Möhren-Apfel-Rohkost (S. 90) oder ein gemischter Salat

Variation . . . .

Anstelle von Rosenkohl eignen sich Kohlrabischeiben oder Blumenkohl.

Gas: Stufe 3 — 4 Strom: 200 °C Backzeit: 30 Minuten

Blumenkohl-Tomaten-Auflauf

kcal:	376	PRO PORTION
E:	17 g	
F:	17 g	
KH:	38 g	

1 kg Kartoffeln
1 Blumenkohl, 1 kg
Curry, Pfeffer, Salz
1 Knoblauchzehe
Muskat
3 bis 4 große Tomaten, 300 g
100 ml Sahne
100 ml Milch, 3,5 % Fett
100 g geriebener Gruyère (oder Emmentaler)

DAZU PASST: **Gemischter Blattsalat**

Kartoffeln als Pellkartoffeln garen, abkühlen, abpellen und in Scheiben schneiden. Blumenkohl ganz in Salzwasser gar kochen und in eine gefettete, feuerfeste Form (Durchmesser ca. 28 cm) setzen. Die Kartoffeln schuppenförmig um den Blumenkohl legen und mit Curry, Pfeffer und Salz würzen und mit gepresstem Knoblauch bestreuen. Blumenkohl mit Muskat bestreuen.
Die Tomaten vierteln und mit der Haut nach oben um den Blumenkohl legen, mit Salz würzen. Sahne mit Milch verrühren und über Blumenkohl, Tomaten und Kartoffeln gießen. Alles mit Käse bestreuen und im Backofen überbacken.

Gas: Stufe 3 — 4 Strom: 200 °C Backzeit: 30 Minuten

Bunter Nudelauflauf

250 g	**Vollkornnudeln**
250 g	**Zucchini**
300 g	**Möhren**
300 g	**Erbsen (TK)**
3	**Tomaten, 300 g**
2	**Eier**
150 g	**saure Sahne**
100 ml	**Milch, 3,5 % Fett**
100 g	**Gouda, gerieben**
	Salz, Pfeffer, Paprika, Thymian

PRO PORTION

kcal:	**496**
E:	**28 g**
F:	**17 g**
KH:	**56 g**

Vollkornnudeln in Salzwasser garen, anschließend gut mit kaltem Wasser abspülen, damit sie nicht kleben. Zucchini und Möhren in Scheiben schneiden. Zucchini, Möhren und Erbsen jeweils in wenig Wasser dünsten und mit Salz würzen. Tomaten in Scheiben schneiden. Nudeln und Gemüse werden in eine gefettete Auflaufform geschichtet. Zuerst eine Schicht Nudeln, darauf Zucchini und Möhren, darauf wieder Nudeln, dann Erbsen, zuletzt die rohen Tomatenscheiben und eine Schicht Nudeln. Aus Eiern, saurer Sahne, Milch, geriebenem Käse und den Gewürzen eine Sauce rühren und über den Nudelauflauf gießen.

Tipp

Die Gemüsearten können variiert werden; es kann auch eine unbeliebte Gemüseart ausgelassen und von den anderen entsprechend mehr genommen werden.

Gas: Stufe 2   Strom: 175 °C   Backzeit: 40 Minuten

Kartoffelauflauf

PRO PORTION	
kcal:	409
E:	18 g
F:	24 g
KH:	30 g

500 g	**Kartoffeln**
50 g	**Sonnenblumenkerne**
75 g	**Dinkelvollkornmehl, ersatzweise Weizenvollkornmehl**
1	**Zwiebel, 50 g**
1 – 2	**Knoblauchzehen**
60 g	**geriebener Käse**
6 EL	**Milch, 90 ml, 3,5 % Fett**
2 EL	**Butter, 30 g**
2	**Eigelb**
½ TL	**Curry,**
	Muskat, Pfeffer, Salz
2	**Eiweiß**
40 g	**geriebener Käse zum Bestreuen**
	Fett für die Auflaufform

DAZU PASSEN: **Rohkostsalat Gemüse der Saison, Gemüsespieße (S. 113)**

Kartoffeln als Pellkartoffeln garen, schälen und würfeln. Sonnenblumenkerne grob hacken und mit dem Mehl, der feingehackten Zwiebel, den gepressten Knoblauchzehen und dem Käse zu den Kartoffeln geben. Milch, Butterstückchen und Eigelb unterrühren. Das Ganze mit den Gewürzen herzhaft abschmecken, Eiweiß steif schlagen und locker unterheben. Eine Auflaufform einfetten, die Kartoffel-masse hineingeben und mit geriebenem Käse bestreuen und im Backofen überbacken.

Gas: Stufe 3 — 4 Strom: 200 °C Backzeit: 30 Minuten

Kidneybohnen-Eintopf

250 g	**Kidneybohnen**
750 ml	**Wasser**
2	**Gemüsebrühwürfel**
1 EL	**Öl, 10 g**
100 g	**Zwiebel**
100 g	**Möhren**
50 g	**Lauch**
150 g	**grüne Paprika**
2 EL	**Tomatenmark, 30 g**
	Jodsalz, Paprika, Curry

PRO PORTION

kcal:	**129**
E:	**9 g**
F:	**3 g**
KH:	**16 g**

Die Kidneybohnen waschen und über Nacht im Wasser in einem großen Topf einweichen und am nächsten Tag etwa eine halbe Stunde bei geringer Hitze garen.
Zwiebel fein hacken, Möhren in feine Scheiben, Lauch in dünne Ringen und Paprika in kleine Würfel schneiden und im Öl andünsten. Alles zusammen in den Bohnentopf geben und noch weitere 15 bis 20 Minuten garen und dann das Tomatenmark unterrühren.

DAZU PASSEN

Vollkornbrötchen

Tipp . . . .

Mit Schnittlauchröllchen und einem Klecks saurer Sahne garniert servieren. Wenn es schnell gehen muss, nehmen Sie fertig gegarte Kidneybohnen.

Gemüselasagne

kcal:	679	PRO PORTION
E:	24 g	
F:	47 g	
KH:	41 g	

Teig:

150 g	Weizenvollkornmehl
1	Ei
¼ TL	Salz
1 – 2	EL Wasser
1 EL	Olivenöl, 10 g
	oder
150 g	fertige Vollkornlasagnenudeln

Gemüse-Füllung:

300 g	Zucchini
300 g	Möhren
1 EL	Öl, 10 g
	Paprikapulver, Pfeffer, Salz

Tomaten-Sauce:

600 g	Tomaten
1 EL	Öl, 10 g
1	Zwiebel, 50 g
	Pfeffer, Salz

Kräuter-Sauce:

40 g	Butter
40 g	Weizenvollkornmehl
125 ml	Milch, 3,5 % Fett
200 g	Sahne
6 EL	gehackte Kräuter
	Pfeffer, Muskat, Salz
150 g	Gruyère, geraffelt

Für den **Nudelteig** Weizenvollkornmehl, Ei, Salz, Wasser und Olivenöl zu einem festen Teig verkneten und zugedeckt 30 Minuten ausquellen lassen bzw. fertige Vollkornlasagnenudeln nach Vorgabe kochen.
In dieser Zeit Zucchini und Möhren grob raspeln und beides in Öl kurz dünsten und mit Paprikapulver, Pfeffer und Salz abschmecken.
Währenddessen den Nudelteig halbieren und zwischen Klarsichtfolie zu zwei Teigplatten ausrollen, die der Größe der Lasagneform entsprechen.
Für die **Tomatensauce** Tomaten kurz mit kochendem Wasser abbrühen, enthäuten und grob würfeln, in Öl andünsten, Zwiebeln zugeben, 10 Minuten dünsten, mit Pfeffer und Salz würzen.
Für die **Kräutersauce** Vollkornmehl in Butter anschwitzen. Milch und Sahne zugeben und alles zu einer sämigen Sauce rühren, kurz aufkochen, Kräuter zugeben und mit Pfeffer, Muskat und Salz würzen.
Feuerfeste Form ausfetten. Die Hälfte der Tomatensauce in die Auflaufform geben, darauf eine Nudelplatte legen, darauf die Hälfte von Gemüse, Kräutersauce und Käse, dann wieder eine Nudelplatte, Tomatensauce, Gemüse, Kräutersauce und obenauf den Käse.

Variation: Spinatlasagne . . . .

Anstelle von Zucchini und Möhren 600 g Spinat und eine Zwiebel verarbeiten.

Gas: Stufe 3 — 4   Strom: 200 °C   Backzeit: 30 Minuten

Lauchtorte

PRO PORTION

kcal:	**376**
E:	**11 g**
F:	**27 g**
KH:	**23 g**

	Teig:
250 g	**Weizenvollkornmehl**
½ TL	**Salz**
4 EL	**kaltes Wasser**
125 g	**Butter**
	oder ungehärtete Margarine
	Gemüsefüllung:
1 kg	**Lauch**
1 EL	**Butter, 15 g**
1 EL	**Weizenvollkornmehl, 10 g**
	Käsecreme:
100 ml	**Milch**
2	**Eier**
150 g	**Creme fraîche**
	Muskat, Pfeffer, Salz
100 g	**geriebener Käse (z. B. Gouda)**
	Fett für die Form

Aus Weizenvollkornmehl, Salz, Wasser und Butter einen glatten Teig bereiten und ca. 30 Minuten kühl stellen.
Für die **Gemüsefüllung** Lauch in Ringe schneiden und in der Butter andünsten. Weizenvollkornmehl unterrühren und ausquellen lassen.
Milch mit Eiern und Creme fraîche verschlagen, mit Muskat, Pfeffer und Salz würzen und den geriebenen Käse unterrühren. Den Teig in einer ausgefetteten Springform oder Tortenform ausdrücken und am Rand 2 bis 3 cm hochziehen, den Boden mit der Gabel mehrmals einstechen. Den Teig im vorgeheizten Backofen bei 200 °C 15 Minuten vorbacken. Dann die Gemüsemasse darauf verteilen und die Käsecreme darüber geben. In 30 Minuten fertigbacken.
(Ergibt 8 Stücke)

DAZU PASST

Ein Möhrensalat

Variation

Anstelle von Lauch können auch Zucchini oder Broccoli – evtl. mit Möhren oder Champignons kombiniert – verwendet werden.

Gas: Stufe 3 — 4   Strom: 200 °C   Backzeit: 45 Minuten

Bunter Risotto

200 g	**Naturreis**
400 ml	**Wasser**
1	**Zwiebel, 50 g**
2 EL	**Öl, 20 g**
200 g	**Möhren**
150 g	**Maiskörner**
200 g	**Erbsen**
2 EL	**frische gehackte Kräuter**
½ TL	**Curry**
	Salz
100 g	**Doppelrahm-Frischkäse**
50 g	**Emmentaler**

PRO PORTION

kcal:	429
E:	23 g
F:	26 g
KH:	42 g

Den Reis in einem Sieb abspülen. Die Zwiebel fein hacken und in heißem Öl glasig dünsten, Reis mit dem Wasser zugeben und alles bei kleiner Hitze ca. 25 Minuten kochen lassen.

Mais, Erbsen und die grob geraspelten Möhren zu dem Risotto geben und noch 10 Minuten mitgaren. Kräuter, Curry, Salz und Frischkäse unter den Risotto rühren. Vor dem Servieren mit geriebenem Emmentaler bestreuen.

DAZU PASSEN

Rohkostsalat, Gemüsespieße (S. 113)

Gemüsepizza (Quark-Öl-Teig)

PRO PORTION	
kcal:	497
E:	23 g
F:	26 g
KH:	42 g

	Teig:
200 g	Quark
6 EL	Milch, 90 ml
6 EL	Öl, 60 g
1	Ei
½ TL	Salz
400 g	Weizenvollkornmehl
1	Päckchen Backpulver
	Öl zum Fetten des Backbleches

	Belag:
	Tomatensauce zum Bestreichen (Seite 84)
1 kg	gemischtes Gemüse (z. B. Zucchini, Paprika, Tomaten, Champignons, Blattspinat)
3 – 4	dicke Zwiebeln, 400 g
2	Knoblauchzehen
1 EL	Öl, 10 g
Je 1 TL	Oregano und Majoran
	Pfeffer, Salz
250 g	geriebener Käse (z. B. Gouda)

Quark, Milch, Ei, Öl und Salz verrühren und mit dem Weizenvollkornmehl und dem Backpulver einen glatten **Quark-Öl-Teig** bereiten und ca. 15 Minuten ausquellen lassen. Den Teig auf einem gefetteten Backblech ausrollen. Klebt der Teig, kann man noch etwas Weizenvollkornmehl zugeben. Für den **Belag** das Gemüse zerkleinern (Scheiben, Streifen, Würfel), Zwiebeln in Scheiben schneiden und mit den gepressten Knoblauchzehen in heißem Öl andünsten. Feste oder auch sehr wasserreiche Gemüsestücke können kurz mitgedünstet werden (z. B. Zucchini, Champignons).

Die Kräuter und Gewürze zugeben und pikant abschmecken. Tomatensauce und die Gemüsemischung auf dem Teig verteilen und die rohen Gemüsestücke (z. B. Tomatenscheiben, Paprikastreifen) dazugeben. Die Pizza mit geriebenem Käse bestreuen und im Backofen backen.
(Ergibt 8 Stücke)

Gas: Stufe 3 — 4   Strom: 200 °C   Backzeit: 20 – 25 Minuten

Gemüsespieße

800 g	**Gemüse (Zucchini, Paprika, Zwiebeln, Champignons)**
	Pfeffer, Paprika, Salz
2 – 3 EL	**Öl, 20 – 30 g**

PRO PORTION

kcal:	**102**
E:	**3 g**
F:	**8 g**
KH:	**5 g**

Verschiedene Gemüsesorten in gleich große Stücke schneiden, abwechselnd auf Holzspieße stecken und mit Pfeffer, Paprika und wenig Salz würzen.
Die Spieße lassen sich im Sommer sehr gut anstelle von Fleischspießen grillen, da wird das Gemüse mit etwas Öl bepinselt. Die andere Möglichkeit ist, die Spieße in einer Pfanne, in heißem Öl kurz anzubraten und danach bei geschlossenem Deckel und mäßiger Hitze bissfest zu garen.

DAZU PASSEN

Naturreis oder Vollkornbrötchen, Tomatensauce (S. 84), Tsatsiki (S. 80), Kräuterquark (S. 78)

Grünkernbraten mit Tomatensoße

(Rezept für 6 Personen)

PRO PORTION	
kcal:	340
E:	13 g
F:	20 g
KH:	27 g

200 g Grünkernschrot
1½ EL Butter, 25 g
100 g Möhren
200 g Lauch
625 ml Wasser
2 Gemüsebrühwürfel
50 g Mandeln, gemahlen
2 Eier
75 g Gouda, gerieben
2 EL Weizenvollkornmehl, 30 g
3 EL Tomatenmark, 45 g
100 g Schmand
Jodsalz, Pfeffer, Paprika

DAZU PASSEN: **(Pell-)Kartoffeln oder Nudeln und Brokkoli oder Blumenkohl**

1/2 EL Butter erhitzen und den Grünkernschrot darin andünsten. Das Gemüse putzen, würfeln und zum Grünkern geben. Kurz mitdünsten lassen und mit 375 ml Wasser und einem Gemüsebrühwürfel auffüllen. Zugedeckt bei geringer Hitze 20 Minuten ausquellen lassen. Mandeln, Eier und Käse unter die Grünkernmasse mischen und mit Salz und Pfeffer würzen. Eine Auflaufform fetten und den Teig hinein geben. Bei 200 °C etwa 40 bis 45 Minuten auf der zweiten Einschubleiste von unten backen. Inzwischen die restliche Butter erhitzen und mit dem Mehl und dem Tomatenmark andünsten. Mit dem restlichen Wasser, dem Gemüsebrühwürfel und dem Schmand auffüllen und 5 Minuten köcheln lassen. Mit den Gewürzen abschmecken.

Spinat mit Vollkornnudeln

1 kg	**frischen Spinat oder Tiefkühl-Spinat**
1 TL	**Butter, 5 g**
100 g	**Zwiebel**
2	**Knoblauchzehen**
200 g	**Schmand**
75 g	**mittelalten Gouda**
	Muskat, Pfeffer, Jodsalz
250 g	**Vollkornnudeln**

PRO PORTION	
kcal:	**470**
E:	**20 g**
F:	**24 g**
KH:	**42 g**

Den Spinat putzen, waschen und 5 Minuten kochen. Tiefkühl-Spinat erwärmen. Nudeln nach Anweisung kochen. Fein gewürfelte Zwiebeln und die zerdrückten Knoblauchzehen in der Butter dünsten. Schmand zufügen, kurz aufkochen lasen und den geriebenen Gouda zugeben und solange rühren, bis sich der Käse aufgelöst hat. Die Käsesoße mit Muskat, Pfeffer und Salz würzen. Nudeln und Spinat in einer Schüssel vermischen, die Käsesoße darüber geben und servieren.

Tipp . . . .

Probieren Sie das Rezept doch einmal mit selbstgemachten Spätzle. So wird's gemacht:

400 g	Weizenvollkornmehl
4	Eier
125 ml	lauwarmes Wasser
	Jodsalz

Aus Mehl, Eiern, Wasser und Salz einen glatten Teig rühren. 2 l Wasser zum Kochen bringen. Den Teig portionsweise durch die Spätzlepresse in das kochende Wasser geben und kurz aufkochen lassen. Herausnehmen und kurz kalt abschrecken. Im Backofen warm halten, bis alle Spätzle fertig sind.

Polenta

kcal:	309
E:	10 g
F:	14 g
KH:	37 g

PRO PORTION

750 ml	Milch, 3,5 % Fett
½ TL	Jodsalz
	Muskat
20 g	Butter
150 g	Maisgrieß
1 EL	Öl, 10 g

DAZU PASSEN: Tomatensauce, Pilzragout (S. 85)

Milch, Salz, Muskat und Butter aufkochen lassen. Vom Herd nehmen und den Maisgrieß mit einem Schneebesen einstreuen. Bei kleiner Hitze etwa 5 bis 10 Minuten unter häufigem Rühren quellen lassen. Dann den Brei in eine gefettete Kastenform geben oder auf ein gefettetes Backblech streichen. Mit einem nassen Löffel die Oberfläche glatt streichen. Erkalten lassen. In der Pfanne gebraten schmeckt die Polenta dann zu allen möglichen Soßen.

Tipp

Anstelle der Milch kann auch Gemüsebrühe genommen werden.

Popcorn

(für 4 Personen)

kcal:	65
E:	1 g
F:	3 g
KH:	8 g

PRO PORTION

40 – 50 g	Mais
1 El	Öl

Öl in einen Topf geben und erhitzen (der Boden muss bedeckt sein). Den Mais hinzugeben, so dass die Körner nicht übereinander liegen. Wenn die ersten Maiskörner hoch springen, den Topf zudecken. Günstig ist ein Topf mit Glasdeckel. Das Springen der Körner kann dann auch beobachtet werden.

Den Topf vom Herd nehmen, wenn das Knallen beendet ist. Popcorn schmeckt „natur“ oder mit etwas Puderzucker bestreut.

Gefüllte Paprikaschoten

200 g	Möhren
100 g	Grünkern
50 g	Butter
½ l	Wasser
1	Gemüsebrühwürfel
50 g	Frühlingszwiebeln
100 g	Gouda, gerieben
1 Bund	gehackte Petersilie
	Jodsalz, Pfeffer
400 g	Paprika, farblich gemischt
30 g	Weizenvollkornmehl
75 ml	Sahne
50 ml	Milch, 3,5 % Fett
1 EL	Senf

PRO PORTION

kcal:	389
E:	13 g
F:	25 g
KH:	28 g

Möhren schälen, vierteln und in dünne Scheiben schneiden. Grünkern in 20 g Butter andünsten, Möhren zugeben, mit 1/2 l Wasser ablöschen. Gemüsebrühwürfel zugeben. Frühlingszwiebeln in Ringe schneiden. Die Hälfte der Petersilie, die Frühlingszwiebeln und 50 g Käse unter die Grünkernmasse rühren, mit Salz und Pfeffer würzen. Paprikaschoten längs halbieren und mit der Grünkernmasse füllen. In eine gefettete Auflaufform setzen, mit dem restlichen Käse bestreuen und die restliche Brühe zugießen. Zugedeckt im vorgeheizten Backofen bei 200 °C ca. 25 Minuten garen. Abdeckung entfernen und weitere 10 Minuten backen. Mehl im restlichen Fett anschwitzen, mit Sahne und Milch ablöschen und 5 Minuten kochen. Mit Salz, Pfeffer, Senf und Petersilie würzen und zu den Paprikaschoten servieren.

DAZU PASSEN

Pellkartoffeln

Gefüllte Zucchini

PRO PORTION	
kcal:	273
E:	13 g
F:	14 g
KH:	23 g

1 kg	**kleine Zucchini**
100 g	**Weizen- (oder Dinkel-/Grünkernschrot)**
250 ml	**Wasser**
½	**Gemüsebrühwürfel**
1	**Zwiebel, 50 g**
1	**Knoblauchzehe**
2 EL	**Sonnenblumenkerne, 50 g**
1 EL	**Butter, 15 g**
½ TL	**Salbei**
	Paprika, Pfeffer und Salz
	Fett für die Auflaufform
2 EL	**geriebener Käse, 50 g**

DAZU PASSEN: **Naturreis, Tomatensauce** **(S. 84)**

Zucchini halbieren und aushöhlen, in kochendem Wasser zwei Minuten blanchieren. Inzwischen das Innere der Zucchinis zerkleinern und mit der klein geschnittenen Zwiebel, der zerdrückten Knoblauchzehe, den Sonnen blumenkernen in 1 EL Butter andünsten. Weizenschrot zugeben und kurz mitdünsten. Mit den Gewürzen kräftig abschmecken.
Zucchinis mit der Getreidemasse füllen und in eine gefettete, feuerfeste Form setzen, mit geriebenem Käse bestreuen und im Backofen überbacken.

Gas: Stufe 3 — 4 Strom: 200 °C Backzeit: 30 Minuten

Rotbarschfilet an Tomaten

800 g	**Rotbarschfilet**
	Saft einer Zitrone
	Pfeffer, Salz
2 EL	**Butter, 30 g**
500 g	**Tomaten**
1	**Zwiebel, 50 g**
	Paprika, Rosmarin
4	**Zitronenscheiben**
1	**Petersiliensträußchen**

PRO PORTION

kcal:	311
E:	39 g
F:	14 g
KH:	7 g

Fischfilet säubern, mit Zitronensaft beträufeln, mit Pfeffer und Salz würzen. Inzwischen Tomaten kurz mit kochendem Wasser überbrühen, häuten, grob würfeln. Zwiebeln fein würfeln. Butter in einer Pfanne zerlassen und das Rotbarschfilet bei mittlerer Hitze von beiden Seiten darin braten. Fischfilet aus der Pfanne nehmen und warm stellen. Zwiebelwürfel in der Pfanne andünsten, Tomatenstücke zugeben und beides bei geschlossenem Deckel 5 Minuten dünsten. Mit Paprika, Rosmarin, Pfeffer und Salz würzen.
Das Tomatenragout in eine flache Schale geben, das Fischfilet darauf legen und mit Zitronenscheiben und Petersilie garnieren.

DAZU PASSEN

Reis oder Risotto
Kartoffeln
Blattsalat oder Gemüse (z. B. Broccoli)

Fischpfanne

kcal:	395
E:	41 g
F:	3 g
KH:	48 g

PRO PORTION

800 g	**Fischfilet, z. B. Seelachs**
	Saft einer Zitrone
	Pfeffer, Salz
3	**Zwiebeln, 150 g**
1 EL	**Öl, 10 g**
1	**grüne Paprika, 200 g**
1	**rote Paprika, 200 g**
1	**Stange Lauch, 200 g**
200 g	**Naturreis**
400 ml	**Gemüsebrühe**
	Oregano, Pfeffer, Salz

Fischfilet säubern, mit Zitronensaft beträufeln, mit Salz und Pfeffer bestreuen. Zwiebel würfeln und in dem Öl andünsten. Paprika in Streifen, Lauch in feine Ringe schneiden und zu den Zwiebeln geben; kurz mitdünsten. Gewaschenen Naturreis zugeben, Gemüsebrühe angießen, alles mit Oregano, Pfeffer und Salz würzen und gut durchkochen lassen. Den Fisch auf das Gemüse legen und bei kleiner Hitze 30 Minuten garen.

Tipp

Wer den Reis etwas weicher wünscht, kann ihn über Nacht in Wasser einweichen oder separat etwas länger kochen lassen.

Fischlasagne

(Rezept für 6 Personen)

12	**Lasagnenudeln, ca. 200 g, möglichst aus Vollkornmehl**
	Fischfüllung:
Je 300 g	**Rotbarsch- und Seelachsfilet**
400 ml	**Fischfond, hergestellt aus Wasser, Essig, Salz, Lorbeerblatt, Zwiebel, Nelken, Suppengemüse**
	Sauce:
2 EL	**Butter, 30 g**
3 EL	**Weizenvollkornmehl, 30 g**
200 ml	**Sahne**
	Pfeffer, Salz, Zitronensaft
	außerdem:
2 Bund	**Lauchzwiebeln, ca. 300 g**
2 TL	**Butter, 10 g**
1 Bund	**Basilikum**
	Parmasankäse zum Bestreuen

PRO PORTION

kcal:	430
E:	35 g
F:	19 g
KH:	29 g

Für die Füllung Fischfilet säubern, würfeln und portionsweise in den kochenden Fischfond geben und 2 Minuten ziehen lassen. Fisch abtropfen lassen und den Fischfond durchsieben. Für die Sauce die Butter zerlassen, Vollkornmehl darin anschwitzen, Fischfond und Sahne unter Rühren zugeben. Die Sauce aufkochen lassen und mit Pfeffer, Salz und etwas Zitronensaft abschmecken. Lauchzwiebeln in feine Ringe schneiden und in der Butter andünsten. Lasagnenudeln vorbereiten wie auf Packung angegeben. Rechteckige Lasagneform mit Lasagneplatten auslegen. Abwechselnd Fisch, Sauce, Lauchzwiebeln und Basilikumblätter einschichten. Mit Nudeln und Sauce abschließen; Parmesankäse darüberstreuen. Im Backofen überbacken.

DAZU PASST

Gemischter Blattsalat

Gas: Stufe 3 — 4 Strom: 200 °C Backzeit: 25 Minuten

Fischfilet im Spinatbett

kcal:	244
E:	13 g
F:	5 g
KH:	31 g

PRO PORTION

600 g **Seelachsfilet**
oder ein anderes Fischfilet
Saft einer ½ Zitrone
Pfeffer, Salz
600 g **Spinat**
Muskat, Salz
100 g **Creme fraîche**
50 ml **Milch**
10 g **Parmesankäse, gerieben**

DAZU PASSEN

Kartoffeln oder Kartoffelpüree
Salat

Seelachsfilet säubern, mit Zitronensaft beträufeln, mit Salz und wenig Pfeffer würzen.
Spinat 5 bis 10 Minuten in wenig Wasser garen, in eine feuerfeste Form geben und mit Muskat und Salz würzen.
Das Seelachsfilet auf den Spinat legen. Creme fraîche, Milch, Parmesankäse verrühren, mit wenig Salz würzen und über das Fischfilet streichen. Im Backofen überbacken.

Gas: Stufe 3 — 4 Strom: 200 °C Backzeit: 30 Minuten

Apfel-Quark-Auflauf

500 g	Äpfel
	Saft einer Zitrone
2	Eier
50 g	Honig oder Zucker
250 g	Quark
20 g	Weizenvollkornmehl
½ TL	Zimt
	Butter zum Fetten der Auflaufform

PRO PORTION

kcal:	226
E:	13 g
F:	5 g
KH:	31 g

Äpfel gründlich waschen und grob raspeln, mit Zitronensaft beträufeln. Eier trennen, Eigelb mit Honig oder Zucker, Quark und Weizenvollkornmehl verschlagen. Die Apfelmasse unterheben und mit Zimt abschmecken. Eiweiß zu steifem Schnee schlagen und locker unter die Quark-Apfelmasse heben. Alles in eine gefettete feuerfeste Form geben und im Backofen überbacken.

Gas: Stufe 2 — 3 Strom: 180 °C Backzeit: 20 – 25 Minuten

Bratäpfel

PRO PORTION	
kcal:	160
E:	2 g
F:	1 g
KH:	34 g

4	säuerliche Äpfel (z. B. Boskop, Cox Orange)
	Saft einer Zitrone
1 – 2 TL	Honig oder Zucker
4 TL	Rosinen, 40 g
½ TL	Zimt
2	Scheiben Vollkornbrot, 100 g

DAZU PASSEN: Heiße Vanillesauce oder Vanilleeis

Äpfel gründlich waschen, vom Kerngehäuse befreien und in eine feuerfeste Form setzen. Äpfel mit Zitronensaft beträufeln; in die ausgehöhlten Äpfel 1/2 TL Honig geben, darauf 1 TL Rosinen, den Apfel mit Zimt bestreuen. Das Vollkornbrot in kleine Streifen schneiden und zwischen den Äpfeln verteilen. Die Bratäpfel im Backofen backen.

Gas: Stufe 2 — 3 Strom: 180 °C Backzeit: 15 Minuten

Hirsedessert mit Zimtsahne

PRO PORTION	
kcal:	217
E:	5 g
F:	11 g
KH:	25 g

250 ml	Milch, 3,5 % Fett
300 ml	Wasser
100 g	Hirse
1 Prise	Salz
100 g	Sahne
2 EL	Honig oder Zucker
½ TL	Zimt

Milch mit Wasser, Hirse und Salz zum Kochen bringen und bei milder Hitze ca. 30 Minuten ausquellen lassen. Sahne leicht anschlagen, mit Honig oder Zucker und Zimt steif schlagen. Zimtsahne unter den abgekühlten Hirsebrei rühren.

Sommerlicher Obstsalat

700 g	**frisches Obst (z. B. Johannisbeeren, Erdbeeren, Banane, Aprikosen, Pfirsiche, Nektarinen, Honigmelone)**
	Saft einer Zitrone
2 EL	**Mineralwasser**
evtl. 1 TL	**Honig oder Zucker**

PRO PORTION	
kcal:	**77**
E:	**2 g**
F:	**– –**
KH:	**16 g**

Das Obst je nach Art waschen, putzen, zerkleinern: Johannisbeeren entstielen, Erdbeeren vierteln, Banane in Scheiben, Aprikosen, Pfirsiche, Nektarinen in kleine Stücke schneiden, aus der Honigmelone mit einem Ausstecher oder Teelöffel kugelige Stücke ausstechen. Das Obst mischen, mit Zitronensaft beträufeln, Mineralwasser unterrühren und bei Bedarf mit Honig abschmecken.

Winterlicher Obstsalat

1	**Apfelsine, 150 g**
1	**Grapefruit, 200 g**
1	**Apfel, 120 g**
1	**Banane, 120 g**
1	**Kiwi, 100 g**
	Saft einer Zitrone
20 g	**gehackte Haselnüsse oder Walnüsse**

PRO PORTION	
kcal:	**272**
E:	**7 g**
F:	**9 g**
KH:	**41 g**

Apfelsine, Grapefruit und Apfel in kleine Stücke schneiden, Banane in Scheiben, Kiwi in halbe Scheiben schneiden. Zitronensaft, Nüsse, 2 EL Mineralwasser und bei Bedarf 1 TL Honig unter das Obst mischen.

Vanillequark mit Kirschen

(Portion für 8 Personen)

PRO PORTION	
kcal:	490
E:	27 g
F:	9 g
KH:	71 g

1 l **Milch, 3,5 % Fett**
2 **Päckchen Vanillepuddingpulver**
2 **Prisen Vanillemark**
500 g **Magerquark**
1 Glas **Kirschen**
2 EL **Weizenvollkornmehl, sehr fein gemahlen**

Den Pudding nach Vorschrift kochen und mit dem Schneebesen rühren, bis der Pudding abgekühlt ist. Oder Sie geben 1 TL Zucker auf den Pudding, dann bildet sich keine Haut. Quark unterrühren und kaltstellen. Kirschen mit dem Mehl verrühren und kurz aufkochen. Kirschen auf die Quarkmasse geben und servieren.

Tipp

Beim Einkauf auf ein Puddingpulver ohne künstliche Aromen und Farbstoffe achten.

Apfel-Streusel-Auflauf

(Rezept für 8 Personen)

1 kg	**säuerliche Äpfel**
30 g	**Honig oder Zucker**
1 TL	**Zimt**
80 g	**Rosinen**
100 ml	**Apfelsaft**

PRO PORTION

kcal:	**537**
E:	**6 g**
F:	**21 g**
KH:	**80 g**

Zutaten für die Streusel:

150 g	**Weizenvollkornmehl**
90 g	**Butter oder ungehärtete Margarine**
50 g	**Honig oder Zucker**

Äpfel waschen, Kerngehäuse entfernen und in Spalten schneiden. Eine Auflaufform fetten, die Apfelspalten und die übrigen Zutaten hinein geben. Aus den Streuselzutaten Streusel kneten und auf die Apfelmasse geben. Im Backofen bei 200 °C etwa 30 Minuten backen.

Tipp

Schmeckt köstlich mit Vanille-Eis oder Vanillesoße

Apfel-Streusel-Kuchen (Quark-Öl-Teig)

kcal:	272
E:	7 g
F:	9 g
KH:	41 g

PRO PORTION

	Teig:
200 g	Quark
6 EL	Milch, 90 ml, 3,5 % Fett
1	Ei
6 EL	Öl, 60 g
1	Prise Salz
6 EL	Honig oder 8 EL Zucker, 120 g
1	Päckchen Backpulver
400 g	Weizenvollkornmehl

	Belag:
1 kg	Äpfel
	Saft einer Zitrone
100 g	Rosinen
5 – 6 EL	Honig oder 6 - 8 EL Zucker, 100 - 120 g
	Zimt nach Geschmack

	Streusel:
100 g	Sonnenblumenkerne oder Haselnüsse
200 g	Weizenvollkornmehl
5 EL	Honig oder 6 EL Zucker, 100 g
120 g	Butter
½ – 1 TL	Zimt
	Etwas Weizenvollkornmehl zum Ausmehlen des Backbleches

Quark mit Milch, Ei, Öl, Salz und Honig oder Zucker verrühren. Backpulver und Weizenvollkornmehl zugeben, alles zu einem geschmeidigen Teig verarbeiten und 15 Minuten ausquellen lassen. Während dieser Zeit die Äpfel gründlich waschen und grob raspeln, mit Zitronensaft beträufeln. Rosinen, Honig und Zimt zugeben und vermengen. Sonnenblumenkerne mahlen und trocken in einem Topf anrösten, leicht abkühlen lassen und mit Weizenvollkornmehl, Honig oder Zucker, Butter und Zimt zu einem Streuselteig verkneten. Den Quark-Öl-Teig auf ein ausgemehltes Backblech geben und gleichmäßig ausdrücken. Die Apfelmasse darauf verteilen und die Streusel darüber geben. Im vorgeheizten Backofen backen. **(Ergibt 20 Stücke)**

Gas: Stufe 3 — 4 Strom: 200 °C Backzeit: 20 – 25 Minuten

Schwarzer Kuchen

250 g	**Butter oder ungehärtete Margarine**
1 Prise	**Vanille, gemahlen**
3 EL	**Kakao**
250 g	**Honig oder Zucker**
100 ml	**Wasser**
400 g	**Weizenvollkornmehl**
1	**Päckchen Backpulver**
4	**Eier**

PRO PORTION

kcal:	**358**
E:	**7 g**
F:	**21 g**
KH:	**36 g**

Butter, Vanille, Kakao, Honig oder Zucker und Wasser aufkochen und abkühlen lassen. Dann mit dem Mehl, Backpulver und den Eiern vermengen und in einer gefetteten und mit Grieß ausgestreuten Springform bei 180 °C etwa 45 Minuten backen. Kuchen vor dem Stürzen auskühlen lassen.

Tipp

Auf Wunsch mit einer Schokoladenglasur überziehen.

Möhrenkuchen

PRO PORTION	
kcal:	182
E:	6 g
F:	9 g
KH:	18 g

200 g Möhren
150 g Mandeln
4 Eigelb
50 ml Wasser
150 g Honig oder Zucker
150 g Weizenvollkornmehl
1 TL Backpulver
4 Eiweiß
Butter zum Ausfetten der Springform

Möhren fein reiben, Mandeln mahlen. Eigelb mit Honig oder Zucker und Wasser schaumig schlagen. Mehl und Backpulver unterrühren, ebenso Möhren und Mandeln. Eiweiß zu Schnee schlagen und vorsichtig unterheben. Den Boden einer Springform einfetten, Teig einfüllen und im Backofen backen. **(Ergibt 12 Stücke)**

Tipp

Der Kuchenteig lässt sich in allen drei Variationen sehr gut mit Schokoladenglasur/Kuvertüre überziehen.

Variation

Der Kuchen kann auch in einer Kastenform oder für den Kindergeburtstag in kleinen Papierförmchen gebacken werden (Backzeit 20 Minuten).

Gas: Stufe 2 — 3 Strom: 180 °C Backzeit: 45 Minuten

Vollkornwaffeln mit Zimtsahne

	Teig:
125 g	Butter oder ungehärtete Margarine
50 g	Honig oder Zucker
3	Eigelb
½ TL	Backpulver
250 g	Weizenvollkornmehl
125 ml	Milch, 3,5 % Fett
3	Eiweiß
1 TL	Zimt

PRO PORTION

kcal:	267
E:	6 g
F:	18 g
KH:	21 g

	Zimtsahne:
200 ml	Sahne
1 TL	Zimt
1 TL	Honig oder Zucker

Butter und Honig bzw. Zucker schaumig schlagen. Eigelb unter die Honigmasse rühren, Weizenvollkornmehl und Backpulver unterrühren. Milch langsam unterrühren, so dass ein dickflüssiger Teig entsteht. 15 Minuten ausquellen lassen, danach Eiweiß steif schlagen und mit dem Zimt locker unter den Teig heben. Den Teig portionsweise im Waffeleisen backen. **(Ergibt ca. 10 Waffeln)**
Für die Zimtsahne die Sahne steif schlagen, Zimt und nach Geschmack Honig oder Zucker zum Süßen zugeben.

Windbeutel mit Erdbeersahne

PRO PORTION	
kcal:	117
E:	3 g
F:	8 g
KH:	7 g

	Teig:
250 ml	Wasser
50 g	Butter oder ungehärtete Margarine
150 g	Weizenvollkornmehl
4	Eier
1 TL	Backpulver
	Fett für das Backblech

	Füllung:
200 g	Sahne
1 TL	Honig oder Zucker
1 MS	Vanillemark
250 g	Erdbeeren

Wasser und Butter zum Kochen bringen. Weizenvollkornmehl in einem dazuschütten und zu einem glatten Kloß rühren. Den Topf vom Herd nehmen und gleich ein Ei in den heißen Teig rühren, die weiteren nach und nach zugeben.
Zum Schluß das Backpulver unterrühren. Mit zwei Teelöffeln ca. 16 kleine Teighäufchen auf das gefettete Backblech setzen und im Backofen backen.
Für **die Füllung** die Sahne steifschlagen und mit Zucker oder Honig und Vanillemark würzen. Erdbeeren vierteln und unter die Sahne heben. Die Windbeutel durchschneiden und mit der Erdbeersahne füllen. **(Ergibt 16 Stücke)**

Tipp

Anstelle von Erdbeeren können auch Johannisbeeren, Himbeeren, Brombeeren oder halbierte entsteinte Weintrauben genommen werden.

Variation: Sommerliche Flockentorte

Aus dem Teig werden zwei Böden jeweils in einer Springform gebacken. Auf den ersten ausgekühlten Boden gibt man z. B. die Erdbeeren, darauf die geschlagene Sahne, darauf den in 12 Stücke geschnittenen zweiten Boden – fertig.

Gas: Stufe 2 — 3   Strom: 180 °C   Backzeit: 30 Minuten

Rührkuchen mit Sonnenblumenkernen

100 g	**Sonnenblumenkerne**
100 g	**Rosinen**
1 EL	**Weizenvollkornmehl, 10 g**
100 g	**Butter oder ungehärtete Margarine**
120 g	**Honig oder Zucker**
2	**Eier**
300 g	**Weizenvollkornmehl**
1 TL	**Backpulver**
150 ml	**Milch, 3,5 % Fett**
	Butter zum Ausfetten der Kastenform

PRO PORTION

kcal:	215
E:	5 g
F:	11 g
KH:	24 g

Sonnenblumenkerne in einem Topf anrösten. Rosinen mit 1 EL Weizenvollkornmehl vermischen. Butter, Honig und Eier schaumig schlagen. Vollkornmehl, Backpulver und Milch unterrühren. Zum Schluß die Sonnenblumenkerne und Rosinen unterheben. Teig in eine gefettete Kastenform füllen und im Backofen backen. **(Ergibt ca. 15 Stücke)**

Gas: Stufe 2 — 3   Strom: 180 °C   Backzeit: 45 Minuten

Nussecken

kcal:	268
E:	2 g
F:	19 g
KH:	20 g

PRO PORTION

Teig:

400 g	Weizenvollkornmehl
100 g	Brauner Zucker oder Honig
200 g	Butter oder ungehärtete Margarine
2	Eier

Belag:

200 g	Marzipanrohmasse
3 – 4 EL	Wasser
400 g	Haselnusskerne, gemahlen
100 g	Butter oder ungehärtete Margarine
170 g	Brauner Zucker oder Honig
100 g	Schmand
2 MS	Vanille, gemahlen

Aus Mehl, Zucker oder Honig, Butter und den Eiern einen Teig kneten und diesen auf einem gefetteten Backblech ausrollen. Alle übrigen Zutaten in einer Pfanne bei geringer Hitze zu einer glatten Masse verrühren und gleichmäßig auf dem Teig verteilen. Bei 200 °C etwa 20 Minuten backen und noch warm in dreieckige Stücke schneiden.

Tipp

Die Nussecken schmecken Kindern und Erwachsenen hervorragend, aber sie sind auch recht fett- und zuckerreich. Daher nur kleine Mengen genießen, der Rest lässt sich ohne Qualitätsverluste gut einfrieren.

Weizenvollkornbrötchen

500 g	**Weizenvollkornmehl**
30 g	**Hefe**
2 TL	**Salz, 10 g**
350 ml	**lauwarmes Wasser**
	etwas Streumehl

PRO PORTION	
kcal:	88
E:	4 g
F:	1 g
KH:	15 g

Zum Bestreuen:

Sesam, Sonnenblumenkerne, Haferflocken, Kümmel, Mohn.

Hefe im Wasser auflösen, Salz zufügen und das Mehl einarbeiten. Teig einige Minuten kneten (wenig Streumehl verwenden) und anschließend etwa 20 Minuten gehen lassen. Während der Teigruhe den Backofen auf 250 °C vorheizen und eine Schüssel mit 1/4 l kaltem Wasser in den Backofen schieben. Außerdem eine kleine Schüssel mit kaltem Wasser, einen Backpinsel, Streusamen und ein gefettetes Backblech bereitstellen.
Nach der Teigruhe den Teig nochmals kräftig durchkneten. Aus dem Teig ein rechteckiges Stück formen und in fünf gleiche Teile schneiden. Jedes Teil rund formen und vierteln. Brötchen formen, mit Wasser bestreichen und die Oberfläche in die Streusamen tauchen. Brötchen auf das vorbereitete Backblech setzen, nochmals 20 Minuten gehen lassen und anschließend backen. **(Ergibt 20 Brötchen)**

Tipp

Je länger der Teig geknetet wird, desto lockerer werden die Brötchen. Die Brötchen lassen sich sehr gut als Vorrat einfrieren.

Gas: Stufe 6   Strom: 250 °C   Backzeit: 15 – 30 Minuten

Pikante Waffeln

PRO PORTION

kcal:	142
E:	4 g
F:	8 g
KH:	15 g

1 Zwiebel, 50 g
2 Eier
100 g Butter oder ungehärtete Margarine
150 g Jogurt, 3,5 % Fett
350 g Weizenvollkornmehl
400 ml Wasser
Pfeffer, Paprika, Salz
Fett für das Waffeleisen

DAZU PASSEN

Tsatsiki (S. 80) und ein Rohkostsalat

Zwiebel fein würfeln und mit den übrigen Zutaten zu einem glatten Teig verarbeiten; 15 Minuten quellen lassen. Waffeleisen fetten und die Waffeln nach und nach backen.
(Ergibt 15 Waffeln)

Variation: Kräuterwaffeln

2 EL frisch gehackte Kräuter unter den Teig rühren.

Variation: Käsewaffeln

50 bis 75 g geriebenen Käse (z. B. Gouda) unter den Teig rühren.

Blitzbrot

400 g	**Weizenvollkornmehl**
100 g	**Buchweizenmehl**
80 g	**Leinsamen**
80 g	**Sesam**
80 g	**Sonnenblumenkerne**
500 ml	**Wasser, lauwarm**
40 g	**Hefe**
2 TL	**Jodsalz**
2 EL	**Obstessig**
1 EL	**Öl**

GESAMT		
	kcal:	**3055**
	E:	**93 g**
	F:	**131 g**
	KH:	**347 g**

PRO SCHEIBE		
	kcal:	**152**
	E:	**5 g**
	F:	**7 g**
	KH:	**17 g**

(bei 20 Scheiben)

Die Hefe im lauwarmen Wasser auflösen und mit den üblichen Zutaten kräftig durchkneten. Eine Kastenform fetten und nach Belieben mit Sesam oder Leinsamen bestreuen. Den Teig hineinfüllen und in den kalten Backofen geben. Bei etwa 200 °C ca. 60 Minuten backen.

Tipp

Das Weizenmehl kann durch Dinkelvollkornmehl ersetzt werden, das Buchweizenmehl durch Weizenmehl.
Blitzbrot mit selbstgemachten Brotaufstrichen und kleinen Gemüsestückchen als Zwischenmahlzeit anbieten.

Kartoffel-Fest

(Rezept für 10 Portionen)

kcal:	271
E:	15 g
F:	4 g
KH:	41 g

PRO PORTION

3 kg	festkochende Kartoffeln
	Dips (Grundmasse):
500 g	Becher Jogurt
500 g	Magerquark
	Roter Dip:
1 EL	Tomatenmark, 20 g
2 EL	Sahne, 30 ml
	Pfeffer, Salz, Paprika, Honig
	Kräuterdip:
	Je 1 Bund Petersilie und Schnittlauch
	Pfeffer, Salz
	Eierdip:
2	hartgekochte Eier
2 TL	mittelscharfer Senf
	Tabasco, Honig, Pfeffer

Kartoffeln als Pellkartoffeln garen und pellen.
Für die **Dips** aus Jogurt und Quark eine Grundmasse rühren und auf drei Schälchen verteilen.
Für den **roten Dip** die Masse mit Tomatenmark und Sahne verrühren. Mit Pfeffer, Salz und Paprika, evtl. etwas Honig abschmecken. Mit Paprikapulver bestreuen.
Für den **Kräuterdip** Petersilie und Schnittlauch klein schneiden und untermischen, mit Salz und Pfeffer abschmecken. Vor dem Servieren mit einem Zweig Petersilie garnieren.
Für den **Eierdip** die Eier würfeln, bis auf einen kleinen Rest zum Garnieren unter die Grundmasse geben. Mit Tabasco, Honig, Pfeffer und Senf abschmecken.
Vor dem Servieren mit Ei garnieren und mit Pfeffer bestreuen. Die Dips zu den Kartoffeln servieren.

DAZU PASST

Ein bunter Rohkostteller

Brötchen-Frösche

8 Vollkornbrötchen
(gekauft oder nach
Rezept S. 135)
40 g Butter zum Bestreichen der Brötchen
8 Scheiben Gouda (in Größe
des Brötchens)
8 Radieschenscheiben
1 Salatgurke
etwas Quark und Petersilie

PRO PORTION	
kcal:	251
E:	11 g
F:	11 g
KH:	27 g

Die Vollkornbrötchen halbieren, mit Butter bestreichen. Die untere Hälfte mit einer Scheibe Gouda belegen, die obere Hälfte auflegen. Die Radieschenscheibe so zwischen die Brötchenhälften legen, daß sie wie eine kleine Zunge herausschaut. Die Salatgurke schälen und in dicke Scheiben schneiden. Unter jedes Brötchen zwei Scheiben legen, so dass sie wie Füße aussehen. Auf die oberen Brötchenhälften aus Quark zwei Augen anbringen und ein kleines Stück Petersilie hineinstecken.

Getreide-Hamburger

4 Vollkornbrötchen
(gekauft oder nach Rezept S. 135)
2 EL Tomatenmark, 40 g
2 Tomaten, 100 g
ca. 12 Gurkenscheiben, 200 g
ca. 8 Salatblätter
4 Grünkernbratlinge (Rezept S. 97)

PRO PORTION	
kcal:	372
E:	13 g
F:	10 g
KH:	58 g

Vollkornbrötchen durchschneiden und mit Tomatenmark bestreichen. Mit Tomaten- und Gurkenscheiben sowie Salatblättern belegen, darauf den Getreidebratling legen und das Brötchen zusammenklappen.

Mini-Pizzas

PRO STÜCK	
kcal:	**153**
E:	**6 g**
F:	**3 g**
KH:	**26 g**

ohne Belag

Teig:

500 g	**Weizenvollkornmehl**
1	**Würfel Hefe, 42 g**
150 ml	**lauwarmes Wasser**
2 EL	**Öl, 20 g**
½ TL	**Salz**
200 ml	**lauwarmes Wasser**

Belag:

	z. B. Tomatensauce (Rezept S. 84), Paprikastreifen, Zwiebelringe, Zucchinischeiben, geraspelte Möhren, Champignons, Mais
200 g	**geriebener Käse**

Mehl in eine Schüssel geben, in eine Mulde die Hefe bröckeln, etwas lauwarmes Wasser zugeben und mit etwas Mehl zu einem Vorteig rühren. Die Schüssel an einen warmen Ort stellen und den Teig 15 Minuten gehen lassen. Danach das Öl, das Salz und das restliche Wasser zugeben und alles zu einem glatten Teig verkneten. Nochmals 15 Minuten gehen lassen. Den Teig kräftig durchkneten und in **12 Stücke** teilen, jedes zu einem kleinen Fladen ausrollen und auf ein gefettetes Backblech legen. Im Backofen bei 50 °C nochmals gehen lassen, dann bei 200 °C 10 Minuten vorbacken. Die Fladen mit Tomatensauce bestreichen, mit verschiedenem Gemüse belegen und mit Käse bestreuen und nochmal 10 Minuten backen.

ACHTUNG

Wer keinen Heissluftherd besitzt, sollte daran denken, dass die Pizzas nacheinander gebacken werden müssen. Bei der Zeitplanung berücksichtigen.

Tipp

Bei einem Kindergeburtstag kommt sehr gut an, wenn die Kinder die Pizzas selbst individuell belegen dürfen. Dazu wird der Teig vorbereitet und vorgebacken. In Schälchen werden Tomatensauce und das vorbereitete Gemüse bereitgestellt. Während der Backzeit wird ein bunter Rohkostteller gereicht.

Gas: Stufe 3 — 4 Strom: 200 °C Backzeit: 20 Minuten

Knusperwaffeln

(Reicht für etwa 20 Waffeln)

PRO PORTION	
kcal:	173
E:	6 g
F:	11 g
KH:	13 g

200 g	**Vollkornmehl**
5	**Eier**
75 g	**Butter oder ungehärtete Margarine**
50 g	**Honig oder Zucker**
50 g	**gehackte Mandeln oder Haselnüsse**
50 g	**Sesam**
50 g	**Leinsamen**
50 g	**Sonnenblumenkerne**
100 g	**Haferflocken**
¼ l	**Milch, 3,5 % Fett**
¼ l	**Mineralwasser**
1 MS	**Vanille, gemahlen**
½ TL	**Zimt**

Alle Zutaten zu einem geschmeidigen Teig verrühren und die Waffeln backen.

Tipp . . . .

Können gut vorbereitet werden, da die Waffeln auch kalt lecker schmecken.

Fischburger

(Rezept für 10 Portionen)

PRO STÜCK	
kcal:	315
E:	15 g
F:	13 g
KH:	34 g

	Fischfrikadellen:
400 g	**Fischfilet, z. B. Seelachs**
2	**altbackene Vollkornbrötchen**
	Wasser zum Einweichen
1	**Zwiebel, 50 g**
1	**Bund Dill**
2	**Eier**
	Salz, Pfeffer
3 EL	**Weizenvollkornmehl zum Bestäuben, 30 g**
2 – 3 EL	**Öl zum Braten, 30 g**
10	**Vollkornbrötchen (vom Bäcker oder nach Rezept S. 135)**
	Sauce:
200 g	**Creme fraîche**
1 EL	**Essig**
1 EL	**Öl, 10 g**
	Salz, Pfeffer
	Zitronensaft
2 EL	**gehackter Dill**
	evtl. etwas Honig
	zum Garnieren:
	Salatblätter, Tomaten, Gewürzgurken

Die Vollkornbrötchen in Wasser einweichen und ausdrücken. Den Fisch in Stücke schneiden und mit den Brötchen und den anderen Zutaten in der Küchenmaschine oder mit einem Pürierstab pürieren. Mit bemehlten Händen 10 flache Frikadellen formen, in Mehl kurz wenden und im heißen Öl von jeder Seite 5 Minuten braten.
Für **die Sauce** alle Zutaten miteinander glatt verrühren.
Für **die Burger** die Vollkornbrötchen aufschneiden, beide

Hälften mit der Sauce bestreichen, mit Garnitur belegen, die Fischfrikadellen darauflegen und die Brötchen zuklappen.

Tipp

Die Fischburger lassen sich gut einfrieren.

Schoko-Nusstörtchen

125 g Butter oder ungehärtete Margarine
125 g Honig oder Zucker
3 Eier
250 g Weizenvollkornmehl
2 TL Backpulver
200 g gemahlene Haselnüsse
100 g Schokolade
2 EL Wasser
20 ganze Haselnüsse,
Schokoladenglasur oder Kuvertüre,
geraspelte Mandeln
20 Papierförmchen

PRO STÜCK	
kcal:	241
E:	6 g
F:	12 g
KH:	19 g

Butter und Honig schaumig rühren, die Eier nach und nach zugeben. Vollkornmehl, Backpulver und Haselnüsse, geraspelte Schokolade, Wasser unterrühren. Papierförmchen nebeneinander auf ein Backblech setzen, Förmchen bis zur Hälfte mit Teig füllen und in die Mitte eine Haselnuss setzen. Auf der mittleren Schiene im Backofen backen. Nach dem Backen Törtchen erkalten lassen, mit Schokoladenglasur bestreichen (dabei die Nuss aussparen) und mit geraspelten Mandeln bestreuen. **(Für 20 Törtchen)**

Tipp

Für den Kindergeburtstag kommt auch gut an, wenn die Törtchen ein Gesicht bekommen (z. B. Maus).

Gas: Stufe 2 — 3 Strom: 170 – 180 °C Backzeit: 15 – 20 Minuten

Biskuit-Igel

Eine Biskuitrolle wird mit Obst- oder Nusssahne gefüllt, zu einer Igelform geschnitten und mit Mandeln gespickt.

kcal:	207	PRO STÜCK
E:	6 g	
F:	12 g	
KH:	19 g	

	Teig:
4	Eigelb
4 EL	warmes Wasser
125 g	Honig oder Zucker
1 TL	Backpulver
175 g	Weizenvollkornmehl
4	Eiweiß
	Füllung:
250 g	Himbeeren (oder Erdbeeren, Waldbeeren etc.)
200 g	Sahne
1 TL	Honig
	Zur Dekoration:
100 ml	Sahne
	Honig nach Geschmack
	Mandelstifte oder Schokoladenstangen
2	Haselnüsse oder Rosinen
1	Himbeere

Eigelb mit Wasser und Honig schaumig schlagen, Mehl und Backpulver zugeben und gut unterrühren. Eiweiß zu steifem Schnee schlagen und locker unterheben. Ein Backblech mit Pergamentpapier auslegen und den Teig darauf ausstreichen. Im Backofen backen, danach auf ein feuchtes oder mit Vollkornsemmelbrösel bestreutes Küchentuch stürzen, Papier abziehen, direkt aufrollen und auskühlen lassen.

Für **die Füllung** und die Dekoration Sahne steif schlagen, mit Honig süßen.

Die Biskuitrolle mit dem größten Teil der Sahne bestreichen; einen Rest für die Dekoration zurücklassen. Die Himbeeren auf der Sahne verteilen und einrollen. Die Biskuitrolle in Form eines Igels schneiden, vorne spitz und hinten rund. Den Igel gleichmäßig mit der restlichen Sahne bestreichen. Die Mandelstifte (oder Schokostangen) als Stacheln einstechen, die Nüsse bilden die Augen, die Himbeere den Mund. **(Ergibt 12 Stücke)**

Gas: Stufe 2 — 3 Strom: 180 °C Backzeit: 15 — 20 Minuten

Gebackener KIKO-Bär

250 g Weizenvollkornmehl
150 g Butter oder ungehärtete Margarine
75 g Honig oder Zucker
2 Eier

Zum Bestreichen:
1 verquirltes Eigelb

Zum Verzieren:
Rosinen, Nüsse, Sonnenblumenkerne

PRO STÜCK	
kcal:	318
E:	6 g
F:	20 g
KH:	28 g

Alle Zutaten in eine Schüssel geben und mit dem Knethaken zu einem glatten Teig verarbeiten und 1 Stunde kaltstellen. Anschließend den Teig nicht zu dünn ausrollen und mit Hilfe der **Bär-Schablone** (im Buchdeckel hinten) kleine Bären ausschneiden. Die Bären mit verquirltem Eigelb einstreichen und mit Rosinen, Nüssen und Mandelstiften Augen, Mund und Nase gestalten. Die Figuren vorsichtig auf ein gefettetes Backblech legen und goldbraun backen. **(Ergibt ca. 8 Bären)**

Variation

Die Bären können auch ohne Gesicht gebacken werden. Anschließend werden sie mit einer Schokoladenglasur überzogen, und darin Augen, Mund und Nase hineingedrückt.

Gas: Stufe 3 — 4 Strom: 190 °C Backzeit: 15 Minuten

Kinderbowle

kcal:	47	PRO PORTION
E:	1 g	
F:	--	
KH:	9 g	

400 g **Früchte der Saison (z. B. Erdbeeren, Himbeeren, Kirschen, Apfelsinen, Kiwi)**
Saft einer Zitrone
500 ml **Apfelsaft**
500 ml **Mineralwasser**

Früchte in mundgerechte Stücke schneiden und in ein Bowlegefäß oder eine Karaffe geben. Mit Zitronensaft beträufeln und Apfelsaft und Mineralwasser aufgießen. **Für 8 Kinder.**

Bananenmilch

kcal:	84	PRO PORTION
E:	3 g	
F:	2 g	
KH:	12 g	

2 **Bananen, 300 g**
500 ml **Milch**
250 ml **Buttermilch**
Saft einer Zitrone
evtl. Honig

Banane zerdrücken oder im Mixer pürieren, mit Zitronensaft beträufeln und mit Milch und Buttermilch zu einer sämigen Mix-Milch verrühren. Wenn nötig, mit etwas Honig süßen. **Für 8 Kinder.**

Variation

Anstelle von Bananen eignen sich natürlich auch Erdbeeren, Himbeeren, Pfirsiche etc.

Kokosdrink

2	**Bananen**
100 g	**Kokosflocken, 100 g**
400 ml	**Milch, 3,5 % Fett**
400 g	**Jogurt**
2 EL	**Zitronensaft**
	Vanille, gemahlen

PRO PORTION

kcal:	330
E:	9 g
F:	23 g
KH:	21 g

Bananen pürieren und mit den anderen Zutaten zu einem erfrischenden Getränk verrühren. Wer einen Pürierstab oder einen Mixer besitzt: alle Zutaten hinein und mixen. **Für 4 Kinder.**

Rotes Saftgetränk

1,5 l	**Früchtetee**
½ l	**Apfel- oder Orangensaft**

PRO PORTION

kcal:	31
E:	– –
F:	– –
KH:	7 g

Den Tee abkühlen lassen und mit dem Saft mischen. Nach Belieben mit Eiswürfeln, kleinen Apfel- und Orangenstücken und bunten Strohhalmen servieren. **Für 8 Kinder.**

Kinderpunsch

kcal:	93	PRO PORTION
E:	1 g	
F:	– –	
KH:	20 g	

1,5 l Früchtetee
2 Apfelsinen
2 Äpfel
½ l roter Traubensaft
1 Zimtstange
½ TL Vanillemark
3 EL Rosinen
evtl. 2 EL Honig oder Zucker

In den heißen Tee die kleingeschnittenen Äpfel und Apfelsinen geben. Mit Traubensaft, Gewürzen und Rosinen noch einmal kurz erhitzen und nach Geschmack mit Honig oder Zucker abschmecken. **Für 8 Kinder.**

Anhaltswerte für altersgemäße Lebensmittelmengen

Die Übersicht soll eine Orientierung geben, was und wie viel täglich gegessen werden sollte. Bei Einhaltung dieser Mengen wird der Bedarf aller wichtigen Nährstoffe gedeckt. Dabei ist zu bedenken, dass der Energiebedarf der jeweiligen Altersgruppe sehr unterschiedlich sein kann. Die Tabelle gibt Durchschnittswerte an, Abweichungen nach oben und unten sind im individuellen Fall durchaus möglich.

Altersgruppe Lebensmittel	1 bis 4 Jahre	4 bis 7 Jahre	7 bis 10 Jahre	10 bis 13 Jahre	13 bis 15 Jahre
Getreide	20 g	20 g	40 g	40 g	50 g
Vollkornbrot	100 g	150 g	150 g	250 g	250 g
Gemüse	200 g	250 g	300 g	350 g	400 g
Kartoffeln	80 g	100 g	150 g	250 g	250 g
Obst	200 g	200 g	300 g	350 g	350 g
Milch/Jogurt, 3,5 % Fett	300 g	300 g	400 g	400 g	500 g
Quark, mager	50 g	50 g	50 g	50 g	50 g
Käse, 45 % F.i.Tr.	20 g	30 g	40 g	40 g	50 g
Fett: Butter Öl	10 g 10 g	15 g 10 g	30 g 10 g	30 g 15 g	30 g 15 g
Konfitüre/Honig	10 g	10 g	25 g	25 g	30 g
Fleisch[x]	2 x 30 g	2 x 40 g	2 x 60 g	2 x 80 g	2 x 100 g
Fisch[x]	1 x 50 g	1 x 100 g	1 x 100 g	1 x 100 g	1 x 150 g
Eier[x]	1 St.	1 St.	2 St.	2 St.	2 St.

x pro Woche

Nährstoffe: Ihre Aufgaben, ihr Versorgungszustand bei Kindern, ihr Vorkommen

Nährstoffe	Aufgabe	Versorgungs-zustand	Vorkommen
Eiweiß			
	unentbehrlicher Baustein für das Wachstum	die tägliche Eiweißzufuhr liegt über den Empfehlungen	tierisch: Fleisch, Fisch, Eier, Milch, Milchprodukte pflanzlich: Getreide, Kartoffeln, Hülsenfrüchte
Fett			
	Energielieferant	zu hohe Fettzufuhr wünschenswert 30-35 % der Gesamtenergiezufuhr	sichtbar: Margarine, Butter, pflanzliche Öle versteckt: Fleisch, Wurst, Eier, Käse, Nüsse, Schokolade, Schokoladenerzeugnisse
Kohlenhydrate			
Zucker	Energielieferant	zu viel	Haushaltszucker, Süßigkeiten, allg. zuckerhaltige Lebensmittel, Obst
Stärke	Energielieferant	zu wenig	Getreide, Brot, Hülsenfrüchte, Kartoffeln
Ballaststoffe	verdauungsanregend	zu wenig	Vollkorngetreide, Brot, Gemüse, Hülsenfrüchte, Kartoffeln

Nährstoffe	Aufgabe	Versorgungs-zustand	Vorkommen
Mineralstoffe			
Calcium	Aufbau und Erhaltung von Knochen und Zähnen Erregbarkeit von Muskeln und Nerven	vielfach zu wenig	Milch und Milchprodukte, Käse, Nüsse
Eisen	Bestandteil des roten Blutfarbstoffes Sauerstoffversorgung des Körpers Aufbau von Enzymen	bei Schulkindern unter 10 Jahren knapp ausreichende Versorgung, bei Mädchen in der Pubertät Defizite	Fleisch, Getreide, Nüsse, grünes Gemüse
Jod	Baustein zur Bildung von Schilddrüsenhormonen	ungenügend	Seefisch jodiertes Speisesalz mit Jodsalz hergestellte Lebensmittel wie Brot, Käse, Wurst
Vitamine			
Vitamin B_1	Abbau der Kohlenhydrate, Erregbarkeit der Nerven	geringe Unterversorgung	Getreide, Hülsenfrüchte, Milch, Kartoffeln, Schweinefleisch
Vitamin B_2	Energiestoffwechsel wichtig für Haut und Schleimhäute	knapp ausreichend	Milch und Milchprodukte, Vollkornerzeugnisse
Folsäure	Bestandteil von Enzymen im Eiweißstoffwechsel, Zellteilung, Zellerneuerung	Unterversorgung ist relativ häufig	grünes Blattgemüse, Vollkornprodukte
Vitamin C	Stärkung der Infektabwehr fördert die Resorption von Eisen	ausreichend	Obst, Gemüse

Gemüse à la Saison

Wann es was gibt

Januar
- Feldsalat
- Grünkohl
- Pastinaken
- Porree
- Rosenkohl
- Rotkohl
- Sauerkraut
- Schwarz-wurzeln
- Sellerie, Knollen-
- Sprossen
- Steckrübe
- Weißkohl
- Wirsing
- Wurzel-petersilie

Februar
- Feldsalat
- Grünkohl
- Löwenzahn
- Pastinaken
- Porree
- Rosenkohl
- Rotkohl
- Sauerkraut
- Schwarz-wurzeln
- Sellerie, Knollen-
- Sprossen
- Steckrübe
- Weißkohl
- Wirsing
- Wurzel-petersilie

März
- Brennessel
- Feldsalat
- Grünkohl
- Löwenzahn
- Pastinaken
- Porree
- Sauer-ampfer
- Sauerkraut
- Sprossen
- Wurzel-petersilie

April
- Brennessel
- Löwenzahn
- Sauer-ampfer
- Sauerkraut
- Spargel
- Spinat
- Sprossen

Mai
- Brennessel
- Garten-salate
- Löwenzahn
- Mangold
- Radieschen
- Rettich
- Rübstiel
- Spargel
- Spinat
- Weiße Rübe
- Weißkohl
- Wirsing
- Zucchini
- Zwiebeln

Juni
- Blumenkohl
- Bohnen, dicke
- Bohnen, Garten-
- Brennessel
- Brokkoli
- Erbsen
- Garten-salate
- Kohlrabi
- Mangold
- Möhren
- Porree
- Radieschen
- Rettich
- Rübstiel
- Spargel
- Spinat
- Weiße Rübe
- Weißkohl
- Wildpilze
- Wirsing
- Zucchini
- Zwiebeln

Juli
- Blumenkohl
- Bohnen, dicke
- Bohnen, Garten-
- Brokkoli
- Endivien
- Erbsen
- Garten-salate
- Gurken
- Kohlrabi
- Mangold
- Möhren
- Porree
- Radieschen
- Rettich
- Rotkohl
- Sellerie, Stauden-
- Spinat
- Tomaten
- Wildpilze
- Zucchini
- Zwiebeln

August
- Blumenkohl
- Bohnen, dicke
- Bohnen, Garten-
- Brokkoli
- Endivien
- Erbsen
- Fenchel
- Garten-salate
- Gurken
- Kohlrabi
- Kürbis
- Mais
- Mangold
- Möhren
- Porree
- Radieschen
- Rettich
- Rotkohl
- Sellerie, Stauden-
- Spinat
- Tomaten
- Wildpilze
- Zucchini
- Zwiebeln

September
- Blumenkohl
- Bohnen, Garten-
- Brokkoli
- Chinakohl
- Endivien
- Feldsalat
- Fenchel
- Garten-salate
- Gurken
- Kohlrabi
- Kürbis
- Mais
- Mangold
- Möhren
- Porree
- Radieschen
- Rettich
- Rosenkohl
- Rote Bete
- Rotkohl
- Sellerie, Knollen-
- Sellerie, Stauden-
- Spinat
- Steckrübe
- Tomaten
- Weißkohl
- Wildpilze
- Wurzel-petersilie
- Zucchini
- Zwiebeln

Oktober
- Blumenkohl
- Brokkoli
- Chinakohl
- Endivien
- Feldsalat
- Fenchel
- Garten-salate
- Gurken
- Kohlrabi
- Kürbis
- Mais
- Möhren
- Pastinaken
- Porree
- Radieschen
- Rettich
- Rosenkohl
- Rote Bete
- Rotkohl
- Rübstiel
- Schwarz-wurzeln
- Sellerie, Knollen-
- Sellerie, Stauden-
- Spinat
- Steckrübe
- Tomaten
- Weiße Rübe
- Weißkohl
- Wildpilze
- Wirsing
- Wurzel-petersilie
- Zucchini
- Zwiebeln

November
- Blumenkohl
- Brokkoli
- Chinakohl
- Endivien
- Feldsalat
- Fenchel
- Kürbis
- Möhren
- Pastinaken
- Porree
- Rosenkohl
- Rote Bete
- Rotkohl
- Rübstiel
- Schwarz-wurzeln
- Sellerie, Knollen-
- Sprossen
- Steckrübe
- Weiße Rübe
- Weißkohl
- Wirsing
- Wurzel-petersilie

Dezember
- Feldsalat
- Grünkohl
- Pastinaken
- Rosenkohl
- Sauerkraut
- Schwarz-wurzeln
- Sprossen
- Sellerie, Knollen-
- Steckrübe
- Weiße Rübe
- Weißkohl
- Wirsing
- Wurzel-petersilie

Obst à la Saison

Wann es was gibt

Januar
- Äpfel
- Birnen
- Trockenobst

Februar
- Äpfel
- Birnen
- Trockenobst

März
- Äpfel
- Birnen
- Trockenobst

April
- Äpfel
- Rhabarber
- Trockenobst

Mai
- Erdbeeren
- Kirschen, Süß-
- Rhabarber
- Stachelbeeren

Juni
- Erdbeeren
- Holunderblüten
- Johannisbeeren, rot, schw., weiß
- Kirschen, Sauer-, Süß-
- Pflaumen
- Rhabarber
- Stachelbeeren

Juli
- Birnen
- Brombeeren
- Erdbeeren
- Heidelbeeren
- Himbeeren
- Holunderblüten
- Johannisbeeren, rot, schw., weiß
- Jostabeeren
- Kirschen, Sauer-, Süß-
- Mirabellen
- Nektarinen
- Pfirsiche
- Pflaumen
- Renekloden
- Stachelbeeren
- Walnüsse
- Zwetschen

August
- Äpfel
- Birnen
- Brombeeren
- Erdbeeren
- Haselnüsse
- Heidelbeeren
- Himbeeren
- Holunderbeeren
- Johannisbeeren, rot, schw., weiß
- Jostabeeren
- Kirschen, Sauer-
- Mirabellen
- Nektarinen
- Pfirsiche
- Pflaumen
- Preiselbeeren
- Nektarinen
- Stachelbeeren
- Vogelbeeren
- Zwetschen

September
- Äpfel
- Birnen
- Brombeeren
- Erdbeeren
- Esskastanien
- Hagebutten
- Haselnüsse
- Heidelbeeren
- Himbeeren
- Holunderbeeren
- Johannisbeeren, rot, schw., weiß
- Mirabellen
- Nektarinen
- Pfirsiche
- Pflaumen
- Preiselbeeren
- Quitten
- Sanddornbeeren
- Stachelbeeren
- Vogelbeeren
- Walnüsse
- Trauben
- Zwetschen

Oktober
- Äpfel
- Birnen
- Brombeeren
- Esskastanien
- Hagebutten
- Haselnüsse
- Heidelbeeren
- Himbeeren
- Holunderbeeren
- Johannisbeeren, rot
- Mirabellen
- Pflaumen
- Preiselbeeren
- Quitten
- Sanddornbeeren
- Schlehen
- Vogelbeeren
- Walnüsse
- Trauben
- Zwetschen

November
- Äpfel
- Birnen
- Esskastanien
- Hagebutten
- Quitten
- Sanddornbeeren
- Schlehen
- Walnüsse

Dezember
- Äpfel
- Birnen
- Esskastanien
- Sanddornbeeren
- Schlehen
- Walnüsse
- Trockenobst

Nitrat in Gemüse

Hohe Nitratgehalte (1000-4000 mg/kg Frischgewicht)	Mittlere Nitratgehalte (500-1000 mg/kg Frischgewicht)	Niedrige Nitratgehalte (bis unter 500 mg/kg Frischgewicht)
Chinakohl	Auberginen	Bohnen, grüne
Eissalat	Blumenkohl	Erbsen
Endivie	Grünkohl	Gurken
Feldsalat	Lauch	Kartoffeln
Fenchel	Möhren	Knoblauch
Kohlrabi	Rotkohl	Paprika
Kopfsalat	Sellerie	Rosenkohl
Mangold	Weißkohl	Tomaten
Radieschen	Wirsing	Zwiebeln
Rettich	Zucchini	Getreide
Rote Bete		Obst
Spinat		

Quelle: Lebensmittel-Monitoring 1996, BgVV, Berlin

Austauschmöglichkeiten von Lebensmitteln mit ähnlichem Nährwert/Energiegehalt

Anstelle von...		können verwendet werden...	
20 g	Getreide	15 g	Vollkorngetreideflocken
			oder
		30 g	Vollkornbrot
40 g	Vollkornbrot	30 g	(3 Sch.) Knäckebrot
50 g	Quark, mager	10 g	Käse, 45 % F.i.Tr.
100 ml	Milch, 3,5 % Fett	100 g	Jogurt, 3,5 % Fett
			oder
		20 g	Käse, 45 % F.i.Tr.
30 g	Käse, 45 % F.i.Tr.	1	Ei
			oder
		125 g	Quark, mager
1	Ei	40 g	Fleisch
			oder
		80 g	Fisch
100 g	Kartoffeln	20 g	Vollkornreis
			oder
		20 g	Vollkornnudeln
			oder
		30 g	Hülsenfrüchte
10 g	Butter	10 g	Margarine
			oder
		25 g	Schlagsahne, 30 % Fett
			oder
		65 g	Saure Sahne, 10 % Fett
			oder
		25 g	Creme fraîche, 32 % Fett

Bio- und Öko-Zeichen, die Sicherheit geben

Informationsstelle Bio-Siegel bei der ÖPZ GmbH
Godesberger Allee 125-127, 53175 Bonn
Tel. 02 28–5 36 89–0 Fax 02 28–5 36 89–29
www.bio-siegel.de

Bund Ökologischer Lebensmittelwirtschaft (BÖLW e.V.)
Marienstraße 19–20, 10117 Berlin
Tel. 0 30–2 84 82–300 Fax 0 30–2 84 82–309
www.boelw.de

Anbauverbände:

Demeter
Brandschneise 1, 64295 Darmstadt
Tel: 0 61 55–84 69–0 Fax: 0 61 55–84 69–11
www.demeter.de

Bioland e.V.
Postfach 1940, 55009 Mainz
Tel: 0 61 31–2 39 79 13 Fax: 0 61 31–2 39 79 27
www.bioland.de

Biokreis e.V.
Regensburgerstr. 34, 94036 Passau
Tel: 08 51–7 56 50–0 Fax: 08 51–7 56 50–25
www.biokreis.de

Naturland e.V.
Kleinhaderner Weg 1, 82166 Gräfelfing
Tel: 0 89–89 80 82–0 Fax: 0 89–89 80 82–90
www.naturland.de

ECOVIN e.V.
Wormser Straße 162, 55276 Oppenheim
Tel: 0 61 33–16 40 Fax: 0 61 33–16 09
www.ecovin.de

Gäa e.V.
Am Beutlerpark 2, 01217 Dresden
Tel: 03 51–40 12 38 93 Fax: 03 51–4 01 55 19
www.gaea-de

Ökosiegel e.V.
Nordweg 42, 29352 Adelheidsdorf-Großmoor
Tel: 0 50 85–62 05 Fax: 0 50 85–14 47

Biopark e.V.
Karl-Liebknecht-Str. 26, 19395 Karow
Tel: 03 87 38–7 03 09 Fax: 03 87 38–7 00 24
www.biopark.de

Rezeptregister

(V) = Variation

Frageregister

RATGEBER

Ratgeber der Verbraucher-Zentralen können Sie in den Beratungstellen der Herausgeber kaufen oder per Post gegen Rechnung bestellen (Anschriften siehe Impressum). Zu den genannten Preisen (Stand: Dezember 2003) kommen Porto und Versandkosten hinzu.

MAHLZEIT, KINDER!

Liebevoll illustriert von Wolf Erlbruch.
Wie können Kinder auch bei knapper Zeit stressfrei, gesund und lecker versorgt werden? Unser Ratgeber bietet umfangreiche Vorschläge für den Einkauf, die Küche, den Kindergarten und die Schule. Mit vielen Rezepten für Kinder- und Familienmahlzeiten.

2. Auflage 2003
124 Seiten — *5,80 €*

VOLLWERTKÜCHE

Vollwert-Ernährung bleibt aktuell und ist gesellschaftsfähig. Wir zeigen die Vorteile auf und bieten 150 Rezepte, u. a. für vollwertiges Feiern. Vorteile der Vollwert-Ernährung kurz gefasst, Fragen aus der Beratungspraxis. Die Rezepte sind einfach, lecker, fleischlos und bewährt.

2. Auflage 2003
236 Seiten — *7,80 €*

KINDERRÄUME – WOHNEN MIT KINDERN

Was macht eine Wohnung, ein Haus, eine Siedlung kinder- und familienfreundlich? Wie wächst ein Kinderzimmer mit? Welche Ausstattung und Einrichtung ist sinnvoll? Der Ratgeber macht Lust und Mut auf praktische Umsetzung. Mit Grundrissbeispielen, Checklisten, zahlreichen Fotos und Kinderillustrationen.

1. Auflage 1999
Gebunden, 160 Seiten — *12,78 €*

ALLE TAGE SCHULE

Unser Ratgeber hilft Familien, Schule mitzugestalten. Häufige Elternfragen, z.B. welche Kriterien eine gute Schule ausmachen, wie viel Schule vom Ranzen bis hin zu Nachhilfeunterricht kostet und was bei Problemen in der Schule zu tun ist, werden beantwortet. Ein praktischer Ratgeber für alle Eltern, die beim Schulalltag ihrer Kinder mitwirken möchten.

1. Auflage 2001
176 Seiten *9,80 €*

COMPUTER, HANDY, TV & CO.

Medien in Kinderhand: wann damit beginnen, wie begleiten, wie kann man Qualität erkennen? Eltern und Kindern wird Lust und Mut gemacht, sich vom passiven Zuschauer zum (inter)aktiven, medienkompetenten User zu entwickeln. Unter die Lupe genommen werden Fernsehen, Video, Computer, Internet, Radio und Handy.
Mit weiterführenden Hinweisen und Links.

1. Auflage 2002
166 Seiten *7,80 €*

ZEITMANAGEMENT IM ALLTAG

Die Zeit rennt – und Sie hinterher? Wünschen Sie sich manchmal, dass der Tag für Sie 25 Stunden und mehr hat? Entspannen Sie sich und Ihren Terminkalender mit unserem „Erste-Hilfe-Plan", der Ihnen mit den verschiedensten Ansätzen zeigt, wie man einen anderen Umgang mit der Zeit finden kann.

1. Auflage 2002
92 Seiten *5,80 €*

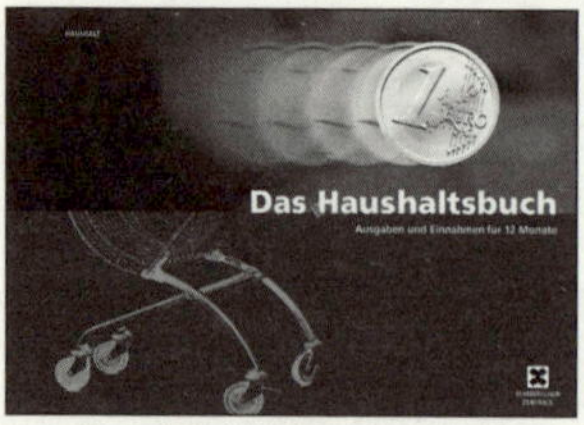

DAS HAUSHALTSBUCH

Das Finanzmanagement im „Unternehmen Haushalt" ist von vielfältigen und komplizierten Abläufen und Verpflichtungen geprägt. Mit dem Haushaltsbuch bekommen Sie einen Überblick über Einnahmen und Ausgaben und viele Tipps zum Thema Geld sparen und verwalten.

2. Auflage 2002
86 Seiten, DIN A4 quer *4,80 €*